Annette Matthes
Ihr Start ins Deutsche
Teil 1

Hempen Verlag

Annette Matthes

# Ihr Start ins Deutsche

Alphabetisierungskurs für Erwachsene
Teil 1

HEMPEN VERLAG
BREMEN 2009

Illustrationen: Otfried Matthes und Wiebke Jaspersen (Nase, Igel, Indianer)

Die beiden Teile des Lehrwerks »Ihr Start ins Deutsche«
entsprechen dem Niveau A1 des Europäischen Referenzrahmens.

Bibliografische Information Der Deutschen Bibliothek
Die Deutsche Bibliothek verzeichnet diese Publikation in der Deutschen Nationalbibliografie;
detaillierte bibliografische Daten sind im Internet über http://dnb.ddb.de abrufbar.

ISBN-13: 978-3-934106-67-3

Hinweise und Anmerkungen, für die Autorin und Verlag
jederzeit dankbar sind, bitten wir zu richten an:
Dr. Ute Hempen Verlag, Clausewitzstr. 12, 28211 Bremen
www.hempen-verlag.de; ute.hempen@hempen-verlag.de


Umschlaggestaltung: igelstudios, Igel b. Trier, Berlin, www.igelstudios.de
Gesamtherstellung: Memminger MedienCentrum
Gedruckt auf alterungsbeständigem Papier
Printed in Germany

Ich danke meinem Mann für die langjährige Unterstützung beim Entstehen des Lehrwerks und für die Zeichnungen. Ich danke den zahlreichen Kollegen, die das Lehrwerk in seinen früheren Fassungen erprobt und wertvolle Anregungen zur Überarbeitung beigetragen haben, sowie Wiebke Jaspersen für ihre Illustrationen.
Besonderen Dank schulde ich Frau Teresa di Fonzo von der Hamburger Volkshochschule für ihre unermüdliche Ermutigung, dieses Buch zu veröffentlichen.

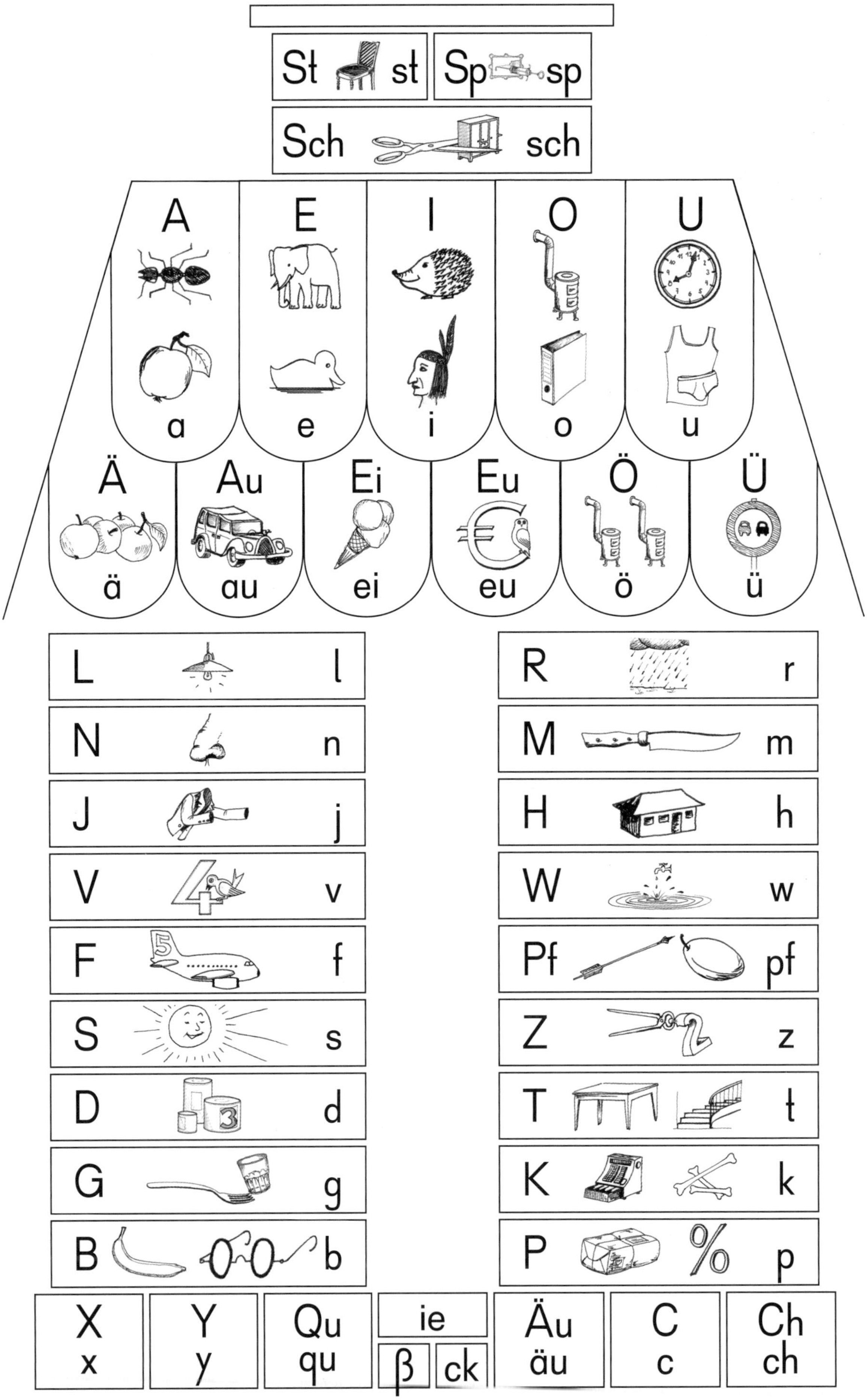
St st
Sp sp
Sch sch
A a
E e
I i
O o
U u
Ä ä
Au au
Ei ei
Eu eu
Ö ö
Ü ü
L l
R r
N n
M m
J j
H h
V v
W w
F f
Pf pf
S s
Z z
D d
T t
G g
K k
B b
P p
%
X x
Y y
Qu qu
ie
ß
ck
Äu äu
C c
Ch ch

# Inhalt

# Sich kennenlernen



Fragen Sie Ihren Partner: Wie heißen Sie?
Woher kommen Sie?
Wo wohnen Sie?

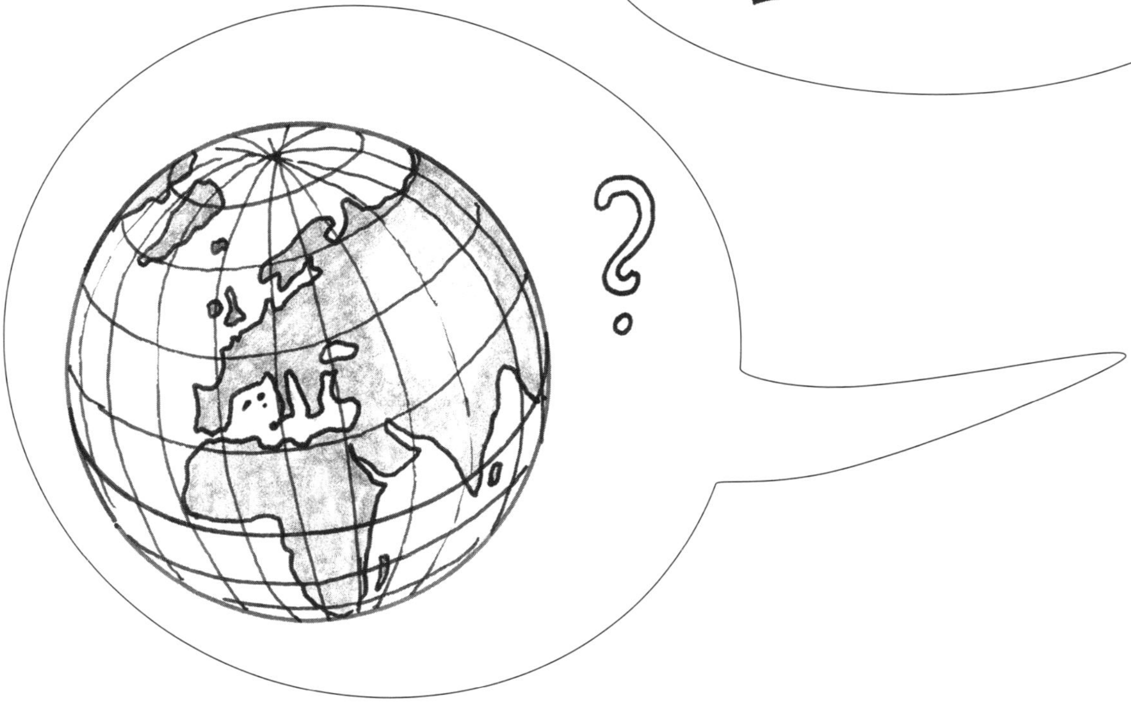

Wortschatz: Sich kennenlernen
Grammatik: W-Fragen und Antworten

# L 1 Vornamen

1. Kleben Sie die richtige Namenskarte (S. 3) an die passende Stelle.
2. Schreiben Sie den Namen ab: Auf jeden Strich gehört ein Buchstabe!

| | | | | |
|---|---|---|---|---|
| M a r i a | _ _ _ _ | _ _ _ _ _ _ _ | _ _ _ _ | _ _ _ _ _ |
| Maria | Said | Lavinia | Timo | Hafis |
| | | | | |

# Vornamen



Schneiden Sie die Namenskarten aus.

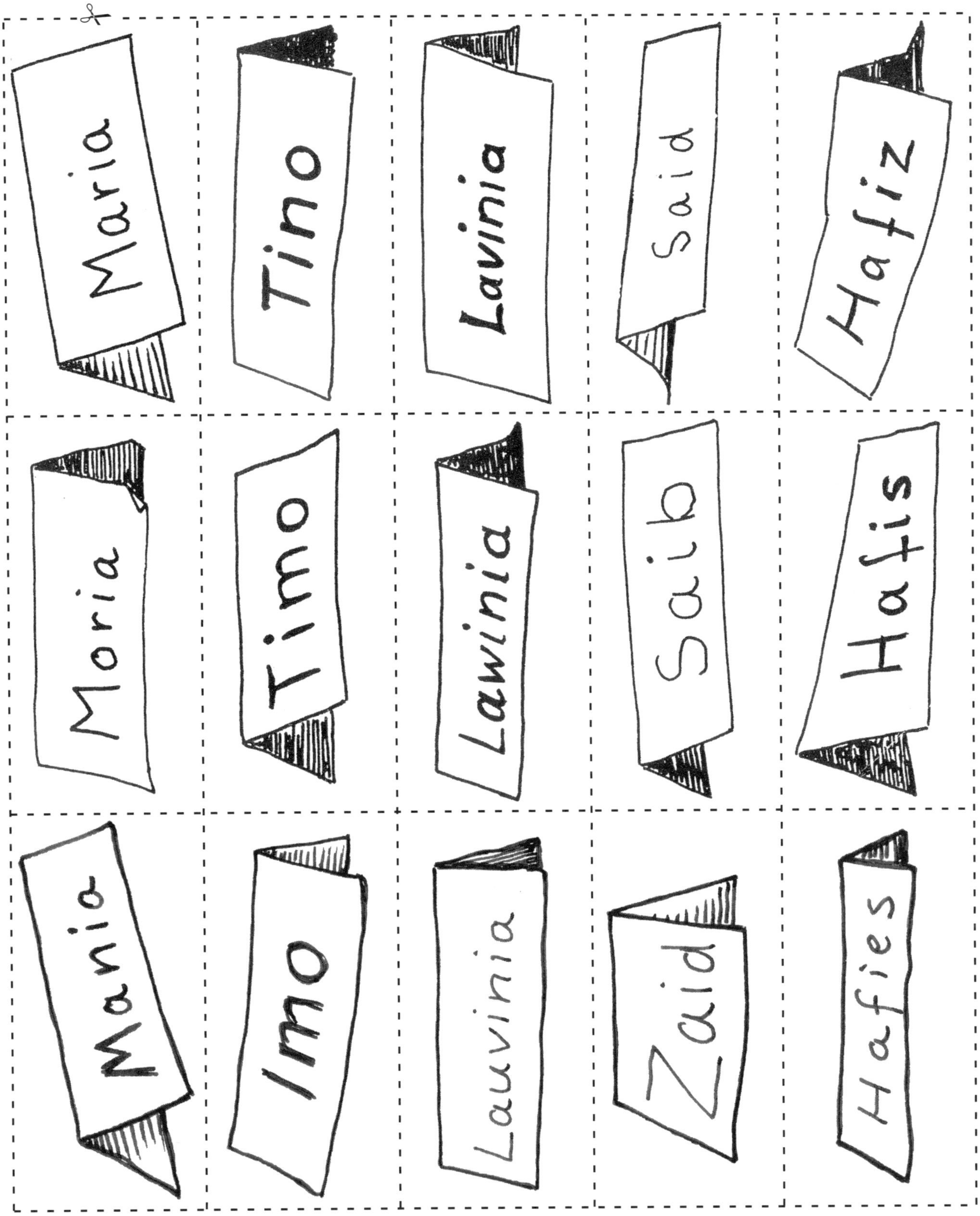

# Wie heißen Sie?



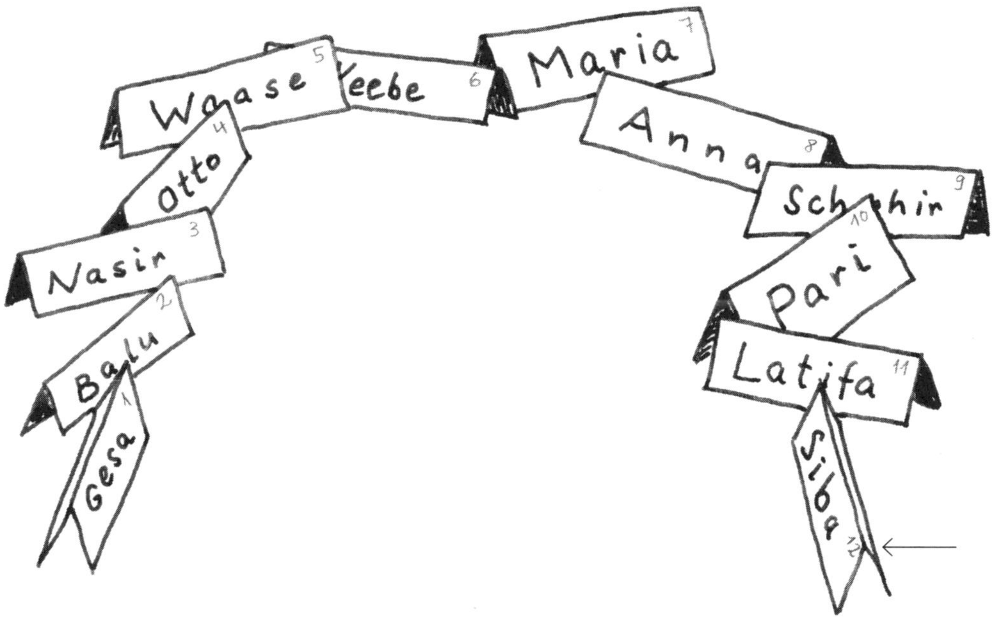


1. Welche Namen finden Sie auf den Karten?
   Jede Namenskarte hat eine Nummer.
   Schreiben Sie in den Tabellen die Nummer zu dem passenden Namen.

| | |
|---|---|
| Sida | Siba 12 |
| Pari | Pani |
| Latita | Latifa |
| Mario | Maria |
| Anna | Amma |
| Geza | Gesa |

| | |
|---|---|
| Nasir | Masir |
| Schanir | Schahir |
| Keebe | Keede |
| Vaase | Waase |
| Otto | Offo |
| Balu | Balau |

2. Und Sie? Wie heißen Sie?

Ich heiße ______________________.

# Würfeln Sie!

1. Würfeln Sie eine Zahl, Ihr Partner sagt dann die Zahl!
2. Schreiben Sie die Zahlen.

| | | | | | | |
|---|---|---|---|---|---|---|
|  | 0 | 0 | | | | |
|  | 1 | 1 | | | | |
|  | 2 | 2 | | | | |
|  | 3 | 3 | | | | |
|  | 1. 4 2. | 4 | | | | |
| 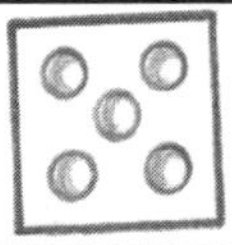 | 1. 3. 5 2. | 5 | | | | |
| 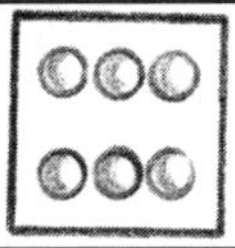 | 6 | 6 | | | | |
| 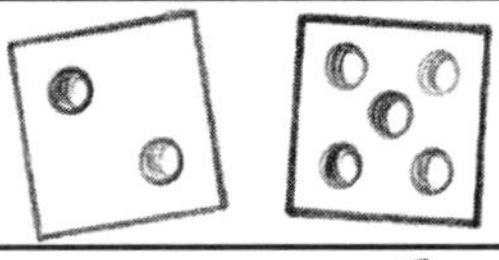 | 1. 7 | 7 | | | | |
|  | 8 | 8 | | | | |
| 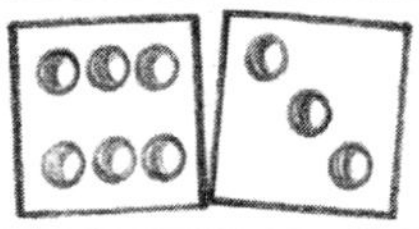 | 1. 9 2. | 9 | | | | |
| 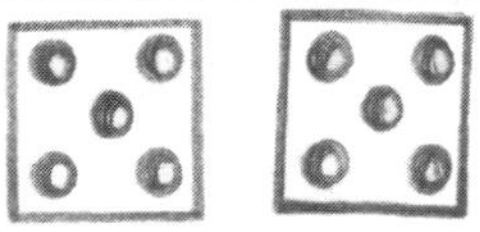 | 10 | 10 | 1 | | | |
|  | 11 | 11 | 1 | | | |
| 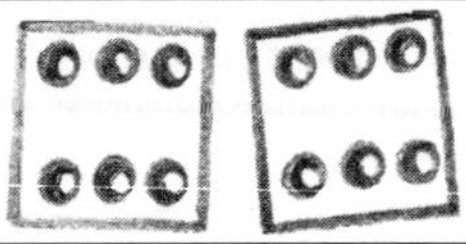 | 12 | 12 | | | | |



Wortschatz: Zahlen bis 12
Lesen durch Schreiben: WAH/SCH

# Zahlen-Domino



Jeder der beiden Partner erhält 7 Karten. Die Karte 12/ wird in die Mitte gelegt. Jetzt legt jeder abwechselnd eine passende Karte an und liest die Zahl vor.

# Der Laut D

L 1

1. Arbeiten Sie zuerst mit dem Anlaut-Haus:
   Markieren Sie das D gelb und das d grün.
2. Malen Sie das D und das d nach.

1. ↓ 2. →

D D D D D

1. ↶ 2. ↓

d d d d d d

3. Schreiben Sie den großen und den kleinen Buchstaben in den Linien.

D D

d d

4. Wie viele D und d finden Sie?
   Markieren Sie alle D gelb und d grün. Tragen Sie die Anzahl unten ein.

D B D O O D P B D D O

A a d d b b d a o p q q d

Dame bald dann Oma bunt Dom Kinder

D: ______ d: ______

# L 1 Der Laut F

1. Arbeiten Sie zuerst mit dem Anlaut-Haus:
   Markieren Sie das F gelb und das f grün.

2. Malen Sie das F und das f nach.

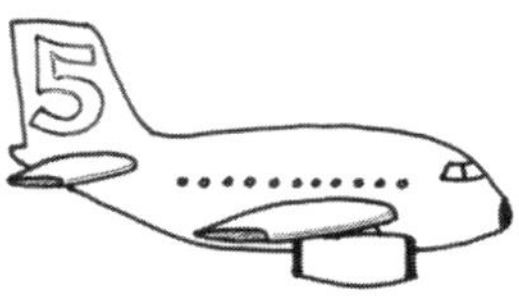

F F F F F

f f f f f f f f f

3. Schreiben Sie den großen und den kleinen Buchstaben in den Linien.

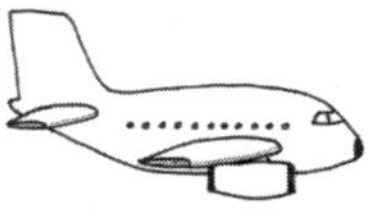

F F

f f

4. Wie viele F und f finden Sie?
   Markieren Sie alle F gelb und f grün. Tragen Sie die Anzahl unten ein.

F E F F E B P F E E F

f f t t f f l i f t f i f

für Fliege finden Affe frei acht Afrika

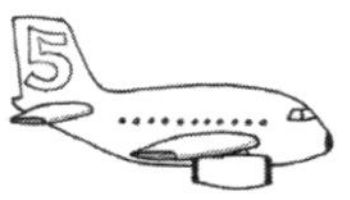

F: ______ f: ______

# Schreiben Sie!



1. Schreiben Sie den Anlaut.

2. Was passt zusammen?
   Schreiben Sie dann zum Bild passende Buchstaben oder das ganze Wort.

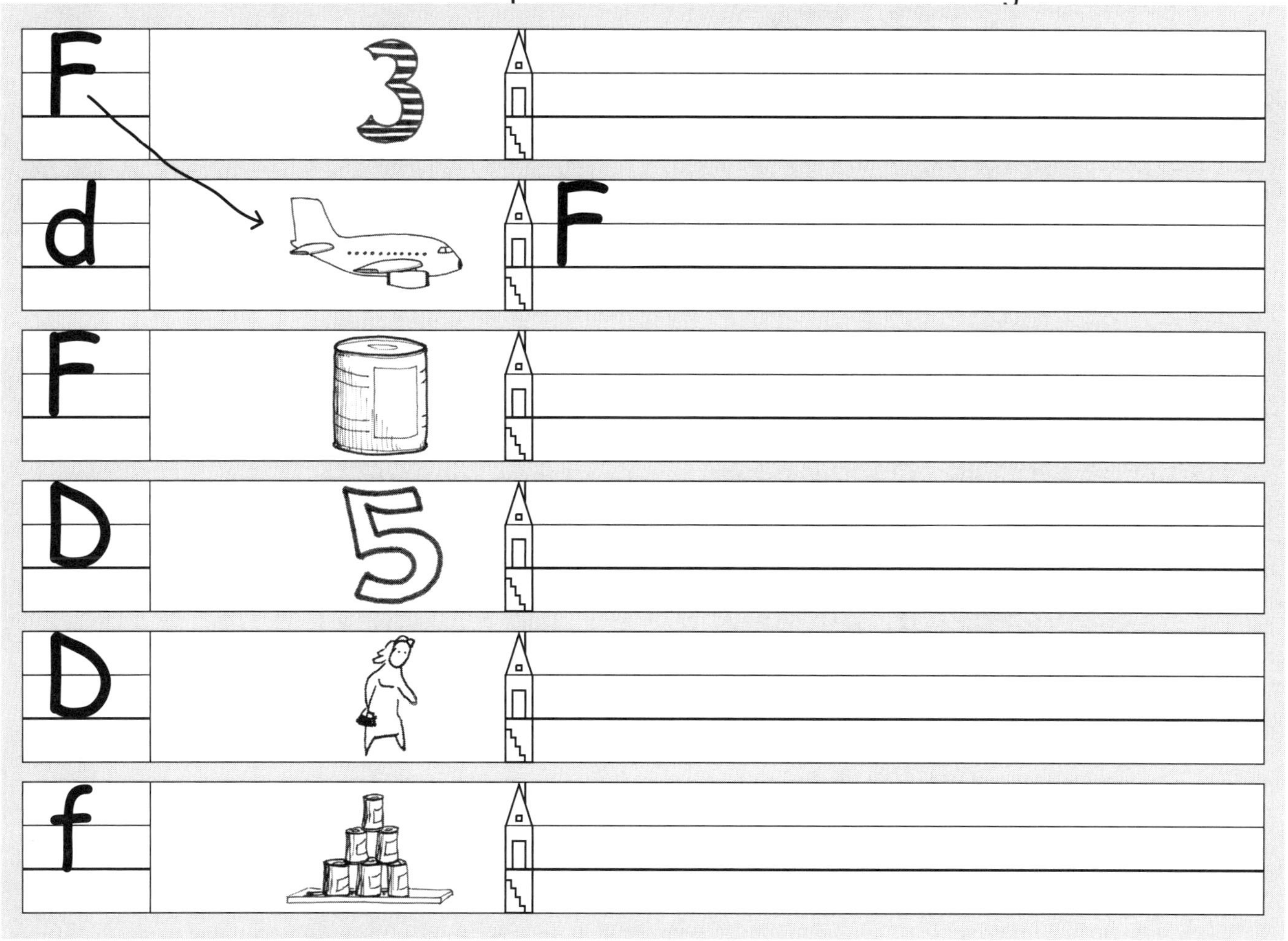

# Der Laut S

1. Arbeiten Sie zuerst mit dem Anlaut-Haus:
   Markieren Sie das S gelb und das s grün.

2. Malen Sie das S und das s nach.

S S S S S

s s s s s s s

3. Schreiben Sie den großen und den kleinen Buchstaben in den Linien.

S S

s s

4. Wie viele S und s finden Sie?
   Markieren Sie alle S gelb und s grün. Tragen Sie die Anzahl unten ein.

S S Z z 8 B P S E S S

s z z 8 n s s c s ß s z s

Sie ist sind essen zum Asien Was

S: ______ s: ______

# Die Zahlen von 1 - 30

**L 1**

1. Schneiden Sie die Karten entlang der gestrichelten Linien aus.
2. Legen Sie zweistellige Zahlen bis 30: z.B. 10 – 11 – 12 – 13 – 14 ...
3. Ihr Partner sagt eine Zahl bis 30, Sie legen die Zahl und sprechen sie.

| | | | | |
|---|---|---|---|---|
| 1 | 2 | 3 | 4 | 5 |
| 6 | 7 | 8 | 9 | 1 |
| 0 | 1 | 1 | 1 | 1 |
| 1 | 1 | 1 | 1 | 1 |
| 2 | 0 | 3 | 0 | 2 |

# Neunerquadrat A

**L 1**

1. Falten Sie das Arbeitsblatt.
2. Diktieren Sie Ihrem Partner die Zahlen aus den Feldern 1 und 2.
   Beginnen Sie in jeder Zeile beim Pfeil (→).
3. Ihr Partner schreibt auf seinem Arbeitsblatt (S. 17) die Zahlen in die Kästchen seiner Felder 1 und 2.
4. Vergleichen Sie gemeinsam, ob alles richtig geschrieben ist.
5. Dann diktiert Ihr Partner und Sie schreiben.

Falten!

Feld 1: Lesen Sie:

| | | | |
|---|---|---|---|
| → | 5 | 7 | 9 |
| → | 15 | 17 | 19 |
| → | 13 | 3 | 11 |

Feld 3: Schreiben Sie:

| | | | |
|---|---|---|---|
| → | _ | _ _ | _ |
| → | _ _ | _ | _ _ |
| → | _ _ | _ | _ _ |

Feld 2: Lesen Sie:

| | | | |
|---|---|---|---|
| → | 2 | 4 | 6 |
| → | 12 | 14 | 16 |
| → | 18 | 8 | 20 |

Feld 4: Schreiben Sie:

| | | | |
|---|---|---|---|
| → | _ | _ | _ |
| → | _ _ | _ _ | _ _ |
| → | _ _ | _ | _ _ |

# L 1 Neunerquadrat A (Zusatz)

Zusatzaufgabe

1. Falten Sie das Arbeitsblatt.
2. Denken Sie sich Zahlen aus und schreiben Sie sie in die grauen Kästchen.
3. Diktieren Sie Ihrem Partner die Zahlen aus den Feldern 5 und 6.
   Beginnen Sie in jeder Zeile beim Pfeil (→).
4. Ihr Partner schreibt auf seinem Arbeitsblatt (S. 18) die Zahlen in die Kästchen der Felder 5 und 6.
5. Vergleichen Sie gemeinsam, ob alles richtig geschrieben ist.
6. Dann diktiert Ihr Partner und Sie schreiben.

Falten!

Feld 5: Schreiben und lesen Sie:

| | | | |
|---|---|---|---|
| → | | | |
| → | | | |
| → | | | |

Feld 7: Schreiben Sie:

| | | | |
|---|---|---|---|
| → | | | |
| → | | | |
| → | | | |

Feld 6: Schreiben und lesen Sie:

| | | | |
|---|---|---|---|
| → | | | |
| → | | | |
| → | | | |

Feld 8: Schreiben Sie:

| | | | |
|---|---|---|---|
| → | | | |
| → | | | |
| → | | | |

# Neunerquadrat B

**L 1**

1. Falten Sie das Arbeitsblatt.
2. Schreiben Sie in die Kästchen der Felder 1 und 2, was Ihr Partner Ihnen diktiert. Beginnen Sie in jeder Zeile beim Pfeil (→).
3. Vergleichen Sie gemeinsam, ob alles richtig geschrieben ist.
4. Dann diktieren Sie Ihrem Partner die Zahlen aus den Feldern 3 und 4.

Falten!

Feld 3: **Lesen Sie:**

| | | | |
|---|---|---|---|
| → | 1 | 11 | 0 |
| → | 10 | 3 | 13 |
| → | 15 | 4 | 14 |

Feld 1: **Schreiben Sie:**

| | | | |
|---|---|---|---|
| → | _ | _ | _ |
| → | _ _ | _ _ | _ _ |
| → | _ _ | _ | _ _ |

Feld 4: **Lesen Sie:**

| | | | |
|---|---|---|---|
| → | 7 | 6 | 8 |
| → | 17 | 16 | 18 |
| → | 20 | 9 | 19 |

Feld 2: **Schreiben Sie:**

| | | | |
|---|---|---|---|
| → | _ | _ | _ |
| → | _ _ | _ _ | _ _ |
| → | _ _ | _ | _ _ |

# L 1 Neunerquadrat B (Zusatz)

Zusatzaufgabe

1. Falten Sie das Arbeitsblatt.
2. Denken Sie sich Zahlen aus und schreiben Sie sie in die grauen Kästchen der Felder 7 und 8.
3. Schreiben Sie in die Kästchen der Felder 5 und 6, was Ihr Partner Ihnen diktiert. Beginnen Sie in jeder Zeile beim Pfeil (→).
4. Vergleichen Sie gemeinsam, ob alles richtig geschrieben ist.
5. Dann diktieren Sie Ihrem Partner die Zahlen aus den Feldern 7 und 8.

Falten!

Feld 7: Schreiben und lesen Sie:

| | | | |
|---|---|---|---|
| → | | | |
| → | | | |
| → | | | |

Feld 5: Schreiben Sie:

| | | | |
|---|---|---|---|
| → | | | |
| → | | | |
| → | | | |

Feld 8: Schreiben und lesen Sie:

| | | | |
|---|---|---|---|
| → | | | |
| → | | | |
| → | | | |

Feld 6: Schreiben Sie:

| | | | |
|---|---|---|---|
| → | | | |
| → | | | |
| → | | | |

# Schreiben Sie!



1. Schreiben Sie den Anlaut.

2. Was passt zusammen?
   Schreiben Sie dann zum Bild passende Buchstaben oder das ganze Wort.

S  D

D 

F 

F 

S 

D 

# L 1 Woher kommen Sie?

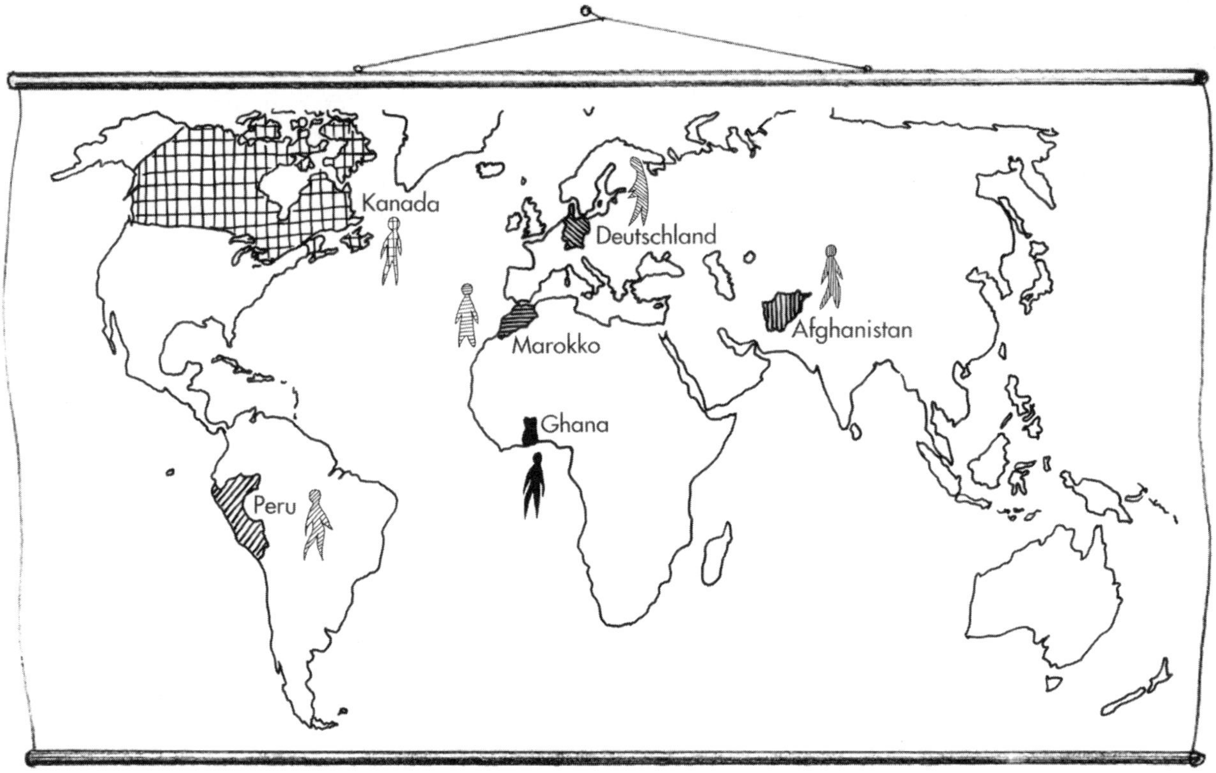


1. Woher kommen diese Personen?
   Schreiben Sie die Länder aus der Weltkarte ab.

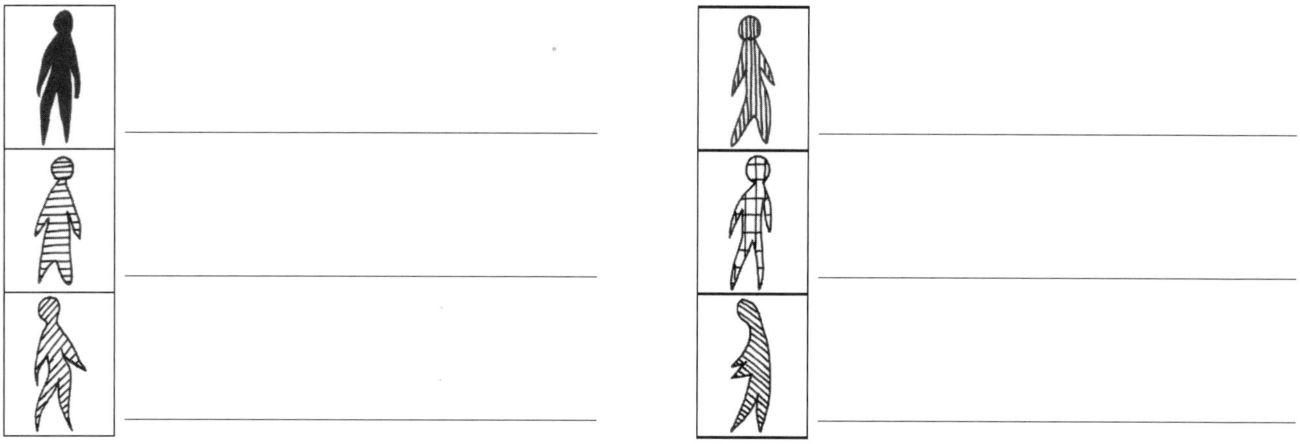

2. Und Sie? Woher kommen Sie?

Ich komme aus ______________________

______________________________________.

Wortschatz: Sich kennenlernen
Grammatik: W-Fragen und Antworten
Lesen durch Schreiben: WAH/SCH

# In der Schule

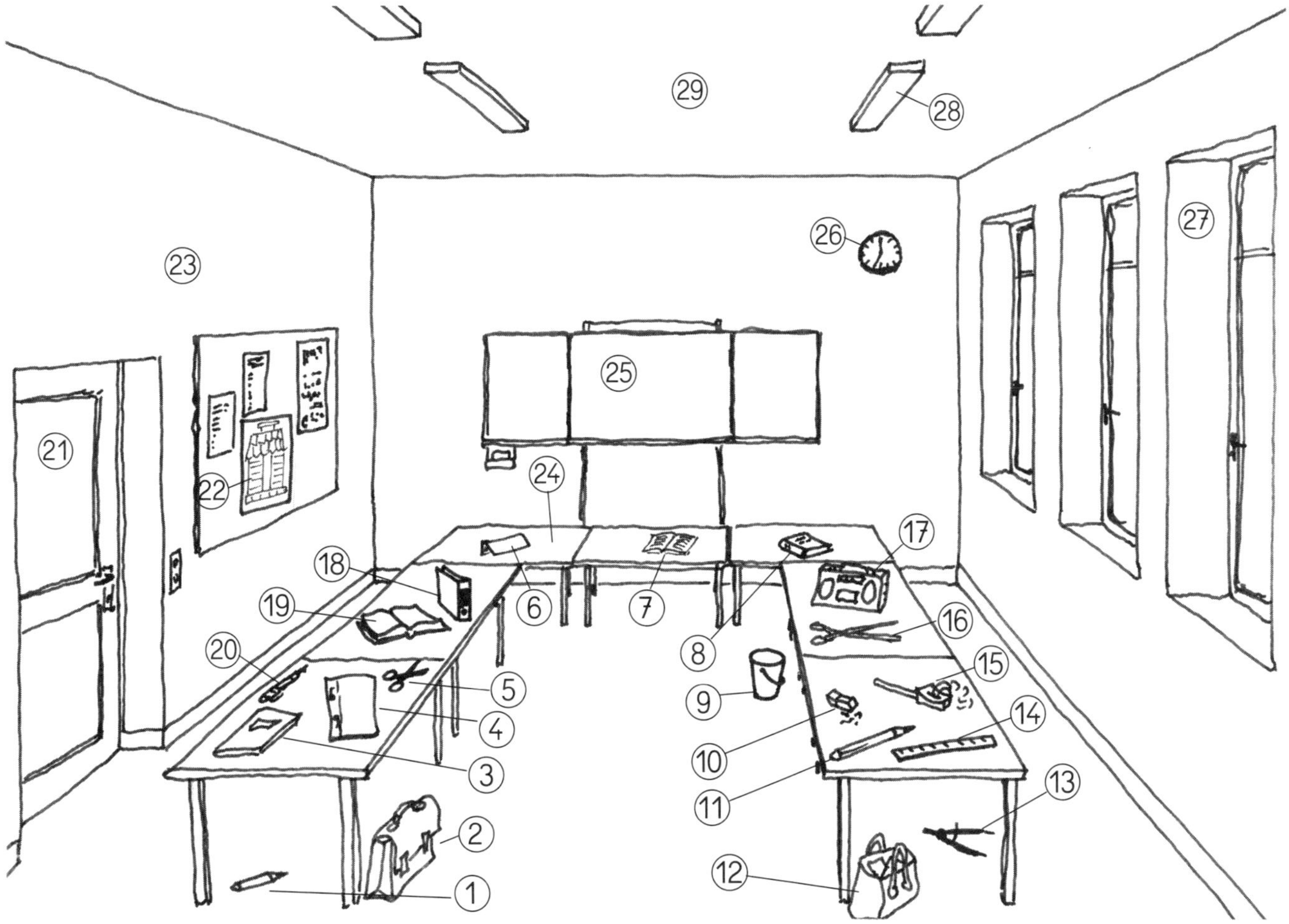


1. Suchen Sie diese Dinge oben im Klassenraum.
   Schreiben Sie dann die passende Zahl in den Kreis.

| | |
|---|---|
| 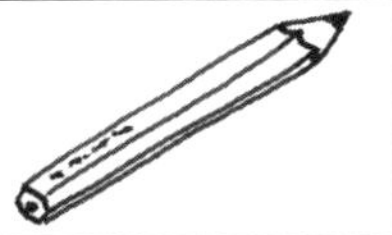 | 10 |
| 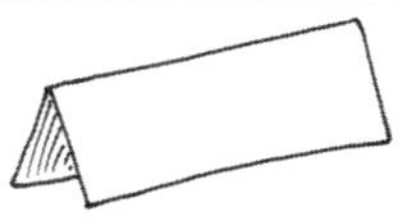 | |
|  | |
|  | |

| | |
|---|---|
| 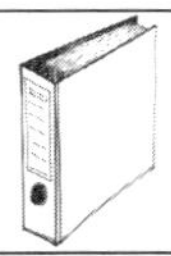 | |
|  | |
| 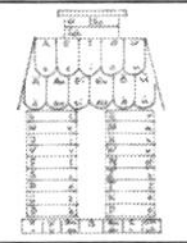 | |
| 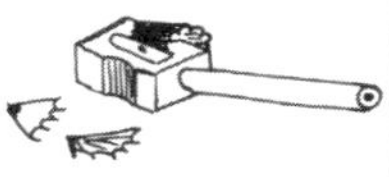 | |

2. Fragen Sie Ihren Partner:

Haben Sie einen  ?

Nein, leider nicht.

Ja, ich habe einen  .

Wortschatz: Schule
Grammatik: Ja/Nein-Fragen
Lesen durch Schreiben: WAH

# L 2 Haben Sie eine Uhr?

LOTTO-TAFEL 1: die/eine

| | |
|---|---|
| U  ☐  | E  ☐ |
| Sch 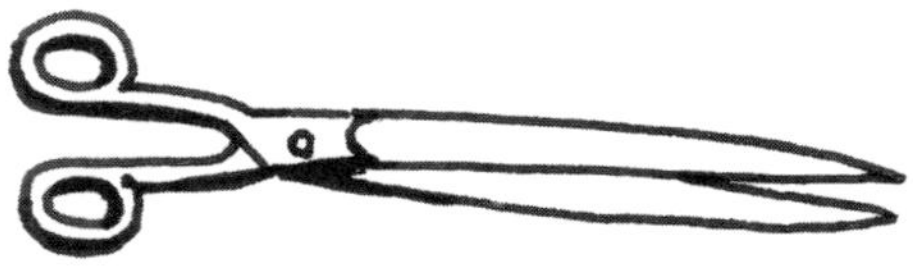 ☐ | L  ☐ |
| D  ☐ | B  ☐ |

1. Malen Sie die kleinen Quadrate rot an: rot = die

**Artikel**

die/eine → die/eine

die  → Haben Sie **die**  ?

eine  → Haben Sie **eine**  ?

2. Fragen Sie Ihren Partner nach den Bildern auf der LOTTO-TAFEL 1:

Haben Sie **eine**  ?

Haben Sie **die**  ?



Wortschatz: Schule
Grammatik: Ja/Nein-Fragen, Artikel »die/eine«

# Ja, ich habe eine Uhr. L 2

1. Spielen Sie zuerst mit realen Gegenständen.
   Sehen Sie nach, ob Sie die Gegenstände haben, nach denen Ihr Partner fragt.
   Antworten Sie dann Ihrem Partner:

   Nein, leider nicht.

   Ja, ich habe **eine**  .

2. Spielen Sie mit den LOTTO-KARTEN.
   Malen Sie zuerst die kleinen Quadrate rot an: rot = die
   Schneiden Sie die Karten aus.
   Antworten Sie Ihrem Partner und geben Sie ihm die passende Karte.

   Ja, ich habe **die**  .

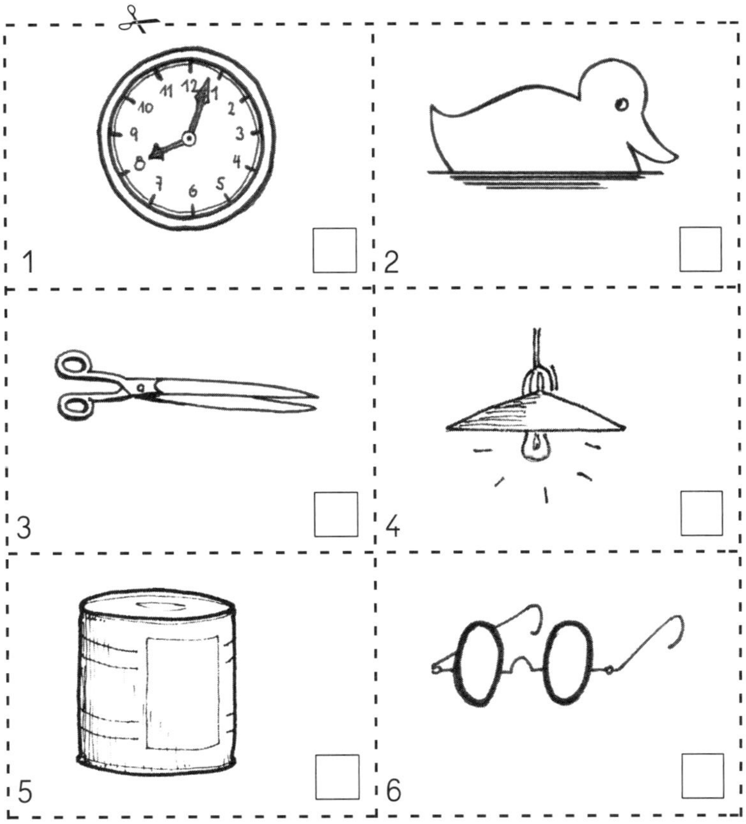

# Die Laute U, E und Sch

**L 2**

1. Arbeiten Sie zuerst mit dem Anlaut-Haus: Markieren Sie das U gelb und das u grün; ebenso E und e, Sch und sch.
2. Erst nachmalen, dann in den Linien schreiben!

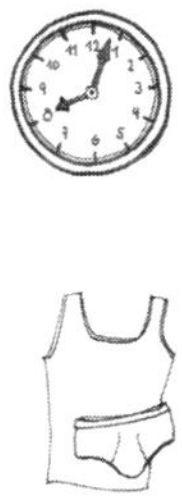

U

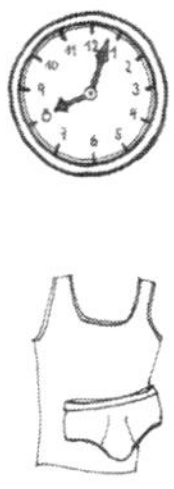

u

U u

E

e

E e

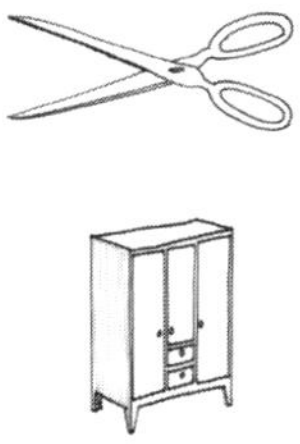

Sch

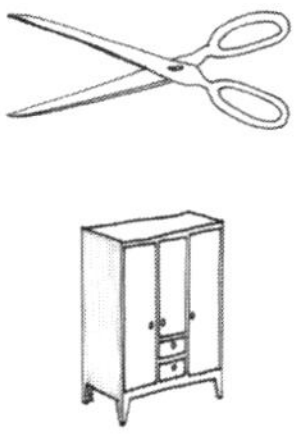

sch

Sch sch

# L 2 Suchen Sie die Buchstaben!

1. Wie viele U und u finden Sie?
   Markieren Sie alle U gelb und u grün. Tragen Sie die Anzahl unten ein.

| | | | | | | | | | | | | | |
|---|---|---|---|---|---|---|---|---|---|---|---|---|---|
| U | I | U | O | V | D | U | V | U | O | U | D | V | U |
| u | a | o | u | v | v | n | n | u | o | u | u | v | u | u |

Uhr und Eva Oma U-Bahn Bus muss du

U: ______ u: ______

2. Wie viele E und e finden Sie?
   Markieren Sie alle E gelb und e grün. Tragen Sie die Anzahl unten ein.

E F R E T 3 E E F E E 3 3 E

e a o e e a o e e a e e o e e

elf es Fest Eva Neela der Erde das

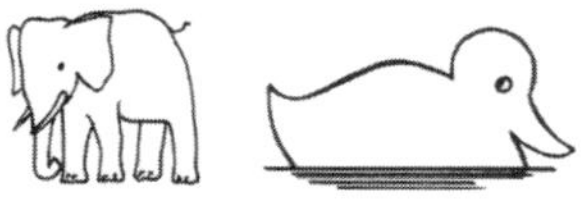

E: ______ e: ______

3. Wie viele Sch und sch finden Sie?
   Markieren Sie alle Sch gelb und sch grün. Tragen Sie die Anzahl unten ein.

Sch S Z Sch Soh Sch S 8 Sah Sch

sch z s soh sah sch scn scn sch sch

Schule waschen Menschen schön Schmidt

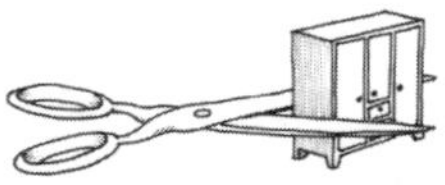

Sch: ______ sch: ______

# Hören Sie!

Arbeiten Sie mit den Lotto-Karten (S. 23) und den Bildkarten (Anhang, nur S. 191). Sprechen Sie zuerst das Wort. Legen Sie die Karte auf das graue Feld, wenn Sie den gleichen Anlaut hören.

1. Welche Wörter haben den Anlaut U?

| | | |
|---|---|---|
|   | U | |

2. Welche Wörter haben den Anlaut E?

| | | |
|---|---|---|
|   | E | |

3. Welche Wörter haben den Anlaut Sch?

| | | |
|---|---|---|
| 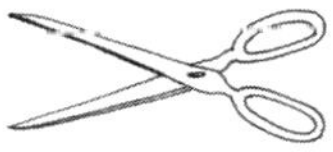  | Sch | |

# Schreiben und lesen Sie!

1. Was passt zusammen?
   Schreiben Sie dann zum Bild passende Buchstaben oder das ganze Wort.

| | | |
|---|---|---|
| E |  | U |
| Sch |  | |
| D | 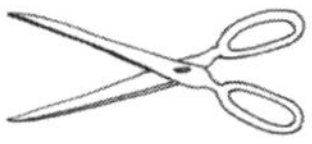 | |
| U |  | |
| S | 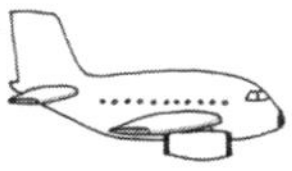 | |
| E |  | |
| F | 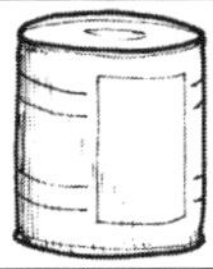 | |

2. Lesen Sie!

| | | | | | | |
|---|---|---|---|---|---|---|
| | |  e | |  e | |  u |
|  | D | De | D | De | D | Du |
|  | Sch | Sche | Sch | Sche | Sch | Schu |
| 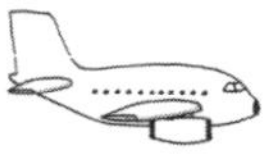 | F | Fe | F | Fe | F | Fu |

# Die kleinen Buchstaben

**L 2**

Arbeiten Sie mit dem Anlaut-Haus.
Umkreisen Sie in jeder Reihe den passenden kleinen Buchstaben.

| | | | | | | | |
|---|---|---|---|---|---|---|---|
| D | ▶ | b | a | d | q | d | a |
| F | ▶ | t | f | € | f | b | l |
| S | ▶ | z | ch | sch | s | s | z |
| U | ▶ | ü | v | u | n | u | o |
| E | ▶ | e | a | e | u | o | e |
| Sch | ▶ | ch | s | sch | h | c | sch |
| L | ▶ | l | i | b | b | l | J |
| I | ▶ | j | i | g | i | l | j |
| T | ▶ | f | t | k | d | t | f |
| N | ▶ | m | r | n | m | n | r |
| A | ▶ | d | a | o | a | d | a |
| G | ▶ | j | g | q | j | g | q |
| Ä | ▶ | d | b | o | a | ä | ö |

# L 2 Schreiben Sie in den Linien!

Achten Sie beim Schreiben genau auf die Linien.

D, d

F, f

S, s

U, u

E, e

Sch, sch

Sch, sch

Sie, sie

Die, die

Du, du

# Schreiben Sie!



1. Sprechen Sie das Wort zuerst. Schreiben Sie dann den Anlaut.

2. Schreiben Sie das ganze Wort, jeden Laut in ein Kästchen.

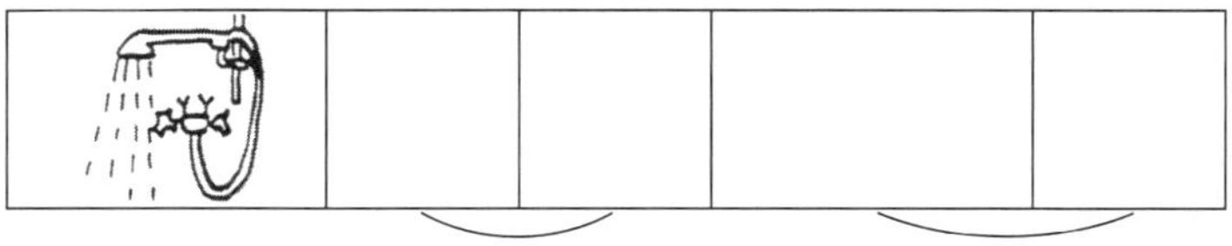

# L 2 Lesen Sie!

1. Arbeiten Sie mit dem Anlaut-Haus. Schreiben Sie den passenden Laut unter das Bild.
2. Ziehen Sie die Laute zusammen und lesen Sie das Wort.
3. Verbinden Sie das Wort mit dem passenden Bild.

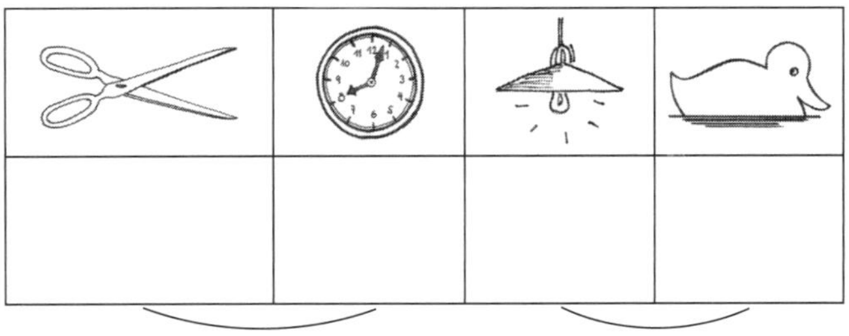

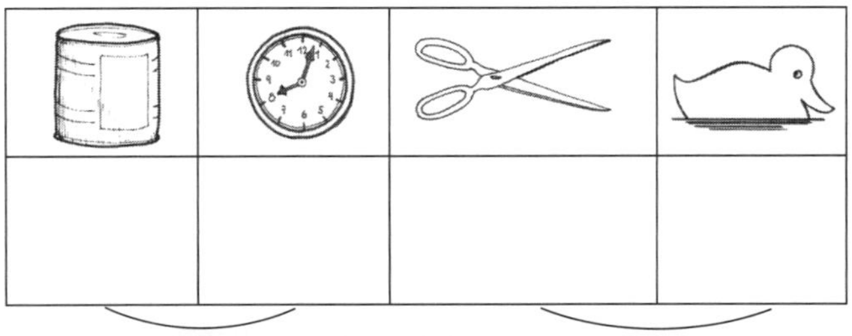

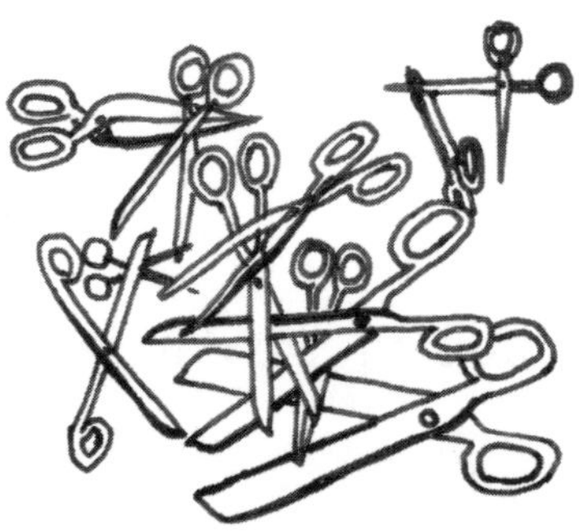

# Neunerquadrat A

**L 2**

Arbeiten Sie mit dem Anlaut-Haus!

1. Falten Sie das Arbeitsblatt.
2. Diktieren Sie Ihrem Partner die Laute aus den Feldern 1 und 2. Beginnen Sie in jeder Zeile beim Pfeil (→).
3. Ihr Partner schreibt auf seinem Arbeitsblatt (S. 35) die Laute in die Kästchen seiner Felder 1 und 2.
4. Vergleichen Sie gemeinsam, ob alles richtig geschrieben ist.
5. Dann diktiert Ihr Partner und Sie schreiben.

Falten!

Feld 1: **Lesen Sie:**

| | | | |
|---|---|---|---|
| → | D | E | F |
| → | U | Sch | E |
| → | F | Fe | Fu |

Feld 3: **Schreiben Sie:**

| | | | |
|---|---|---|---|
| → | _ | ___ | _ |
| → | _ | _ | _ _ |
| → | _ | _ _ | ___ |

Feld 2: **Lesen Sie:**

| | | | |
|---|---|---|---|
| → | D | De | Du |
| → | Sch | E | Sche |
| → | F | Ef | U |

Feld 4: **Schreiben Sie:**

| | | | |
|---|---|---|---|
| → | ___ | _ | ___ _ |
| → | _ | ___ _ | _ |
| → | _ _ | _ | _ _ |

# Neunerquadrat A (Zusatz)

Zusatzaufgabe

1. Falten Sie das Arbeitsblatt.
2. Schreiben Sie Laute oder Lautkombinationen in die grauen Kästchen.
3. Diktieren Sie dann Ihrem Partner die Laute aus den Feldern 5 und 6. Beginnen Sie in jeder Zeile beim Pfeil (→).
4. Ihr Partner schreibt auf seinem Arbeitsblatt (S. 36) die Laute in die Kästchen seiner Felder 5 und 6.
5. Vergleichen Sie gemeinsam, ob alles richtig geschrieben ist.
6. Dann diktiert Ihr Partner und Sie schreiben.

Falten!

Feld 5: Schreiben und lesen Sie:

| | | | |
|---|---|---|---|
| → | | | |
| → | | | |
| → | | | |

Feld 7: Schreiben Sie:

| | | | |
|---|---|---|---|
| → | | | |
| → | | | |
| → | | | |

Feld 6: Schreiben und lesen Sie:

| | | | |
|---|---|---|---|
| → | | | |
| → | | | |
| → | | | |

Feld 8: Schreiben Sie:

| | | | |
|---|---|---|---|
| → | | | |
| → | | | |
| → | | | |

# Neunerquadrat B

**L 2**

Arbeiten Sie mit dem Anlaut-Haus!

1. Falten Sie das Arbeitsblatt.
2. Schreiben Sie in die Kästchen der Felder 1 und 2, was Ihr Partner Ihnen diktiert. Beginnen Sie in jeder Zeile beim Pfeil (→).
3. Vergleichen Sie gemeinsam, ob alles richtig geschrieben ist.
4. Dann diktieren Sie Ihrem Partner die Laute aus den Feldern 3 und 4.

Falten!

Feld 3: **Lesen Sie:**

| | | | |
|---|---|---|---|
| → | U | Sch | E |
| → | F | U | Fu |
| → | D | Du | Sch |

Feld 1: **Schreiben Sie:**

| | | | |
|---|---|---|---|
| → | _ | _ | _ |
| → | _ | __ | _ |
| → | _ | _ _ | _ _ |

Feld 4: **Lesen Sie:**

| | | | |
|---|---|---|---|
| → | Sch | E | Sche |
| → | U | Schu | F |
| → | Uf | D | De |

Feld 2: **Schreiben Sie:**

| | | | |
|---|---|---|---|
| → | _ | _ _ | _ _ |
| → | __ | _ | __ _ |
| → | _ | _ _ | _ |

# L 2 Neunerquadrat B (Zusatz)

Zusatzaufgabe

1. Falten Sie das Arbeitsblatt.
2. Schreiben Sie Laute oder Lautkombinationen in die grauen Kästchen der Felder 7 und 8.
3. Schreiben Sie in die Kästchen der Felder 5 und 6, was Ihr Partner Ihnen diktiert. Beginnen Sie in jeder Zeile beim Pfeil (→).
4. Vergleichen Sie gemeinsam, ob alles richtig geschrieben ist.
5. Dann diktieren Sie Ihrem Partner die Laute aus den Feldern 7 und 8.

Falten!

Feld 7: Schreiben und lesen Sie:

| | | | |
|---|---|---|---|
| → | | | |
| → | | | |
| → | | | |

Feld 5: Schreiben Sie:

| | | | |
|---|---|---|---|
| → | | | |
| → | | | |
| → | | | |

Feld 8: Schreiben und lesen Sie:

| | | | |
|---|---|---|---|
| → | | | |
| → | | | |
| → | | | |

Feld 6: Schreiben Sie:

| | | | |
|---|---|---|---|
| → | | | |
| → | | | |
| → | | | |

# Zählen Sie!



Zählen Sie! Schreiben Sie die Zahl in das Sechseck.

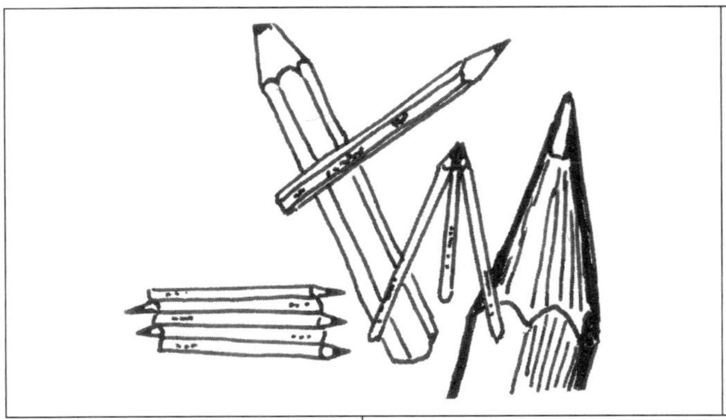

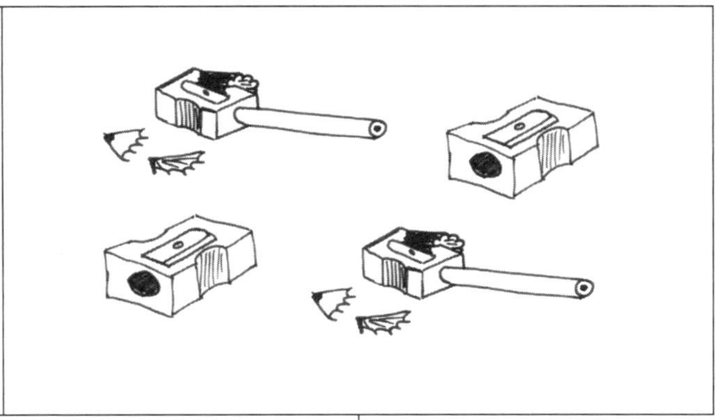

# L 2 Haben Sie einen Bleistift?

LOTTO-TAFEL 2: der/ein

| | |
|---|---|
| B  ☐ | T  ☐ |
| R  ☐ | Sch  ☐ |
| St  ☐ | A  ☐ |

1. Malen Sie die kleinen Quadrate blau an: blau = der

**Artikel**

der/ein → den/einen

der  → Haben Sie **den**  ?

ein 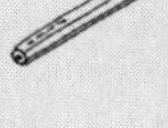 → Haben Sie **einen**  ?

2. Fragen Sie Ihren Partner nach den Bildern auf der LOTTO-TAFEL 2:

Haben Sie **einen**  ?

Haben Sie **den**  ?



Wortschatz: Schule
Grammatik: Ja/Nein-Fragen, Artikel »der/ein«

# Ja, ich habe einen Bleistift. L 2

1. Spielen Sie zuerst mit realen Gegenständen.
   Sehen Sie nach, ob Sie die Gegenstände haben, nach denen Ihr Partner fragt.
   Antworten Sie dann Ihrem Partner :

   Nein, leider nicht.

   Ja, ich habe **einen**  .

2. Spielen Sie mit den LOTTO-KARTEN.
   Malen Sie zuerst die kleinen Quadrate blau an: blau = der
   Schneiden Sie die Karten aus.
   Antworten Sie Ihrem Partner und geben Sie ihm die passende Karte.

   Ja, ich habe **den**  .

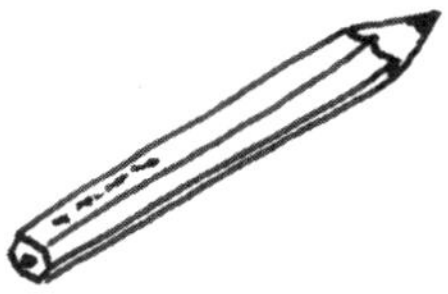
25 ☐

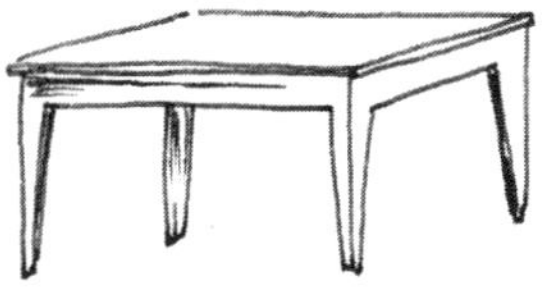
26 ☐

27 ☐

28 ☐

29 ☐

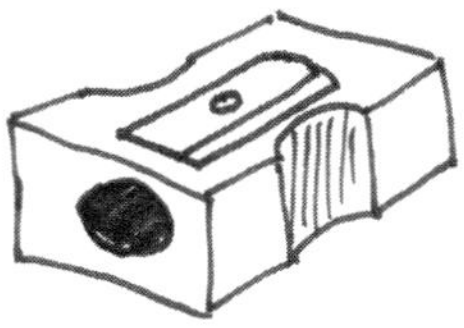
30 ☐

# Die Uhr

L 3

Schneiden Sie die Uhr und die Zeiger aus.
Befestigen Sie die Zeiger so an der Uhr, dass sie drehbar sind.

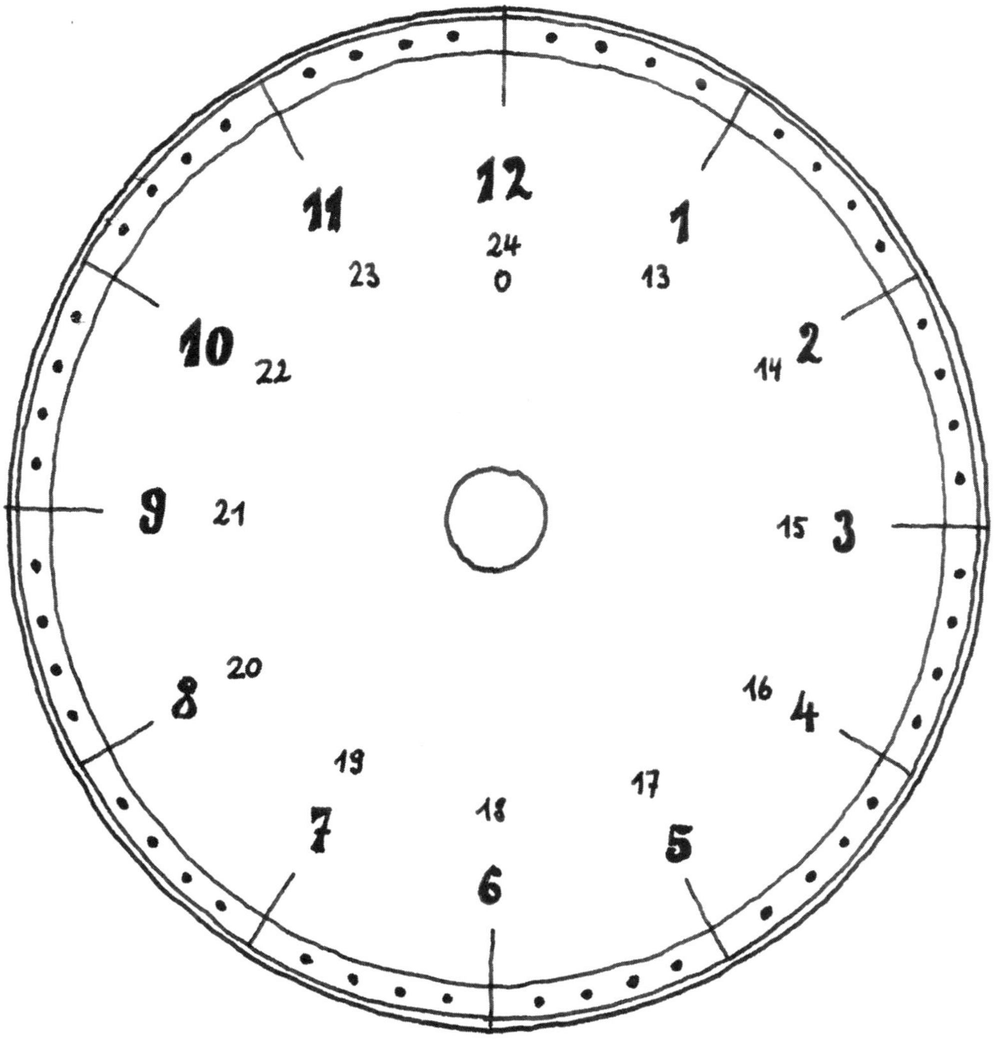


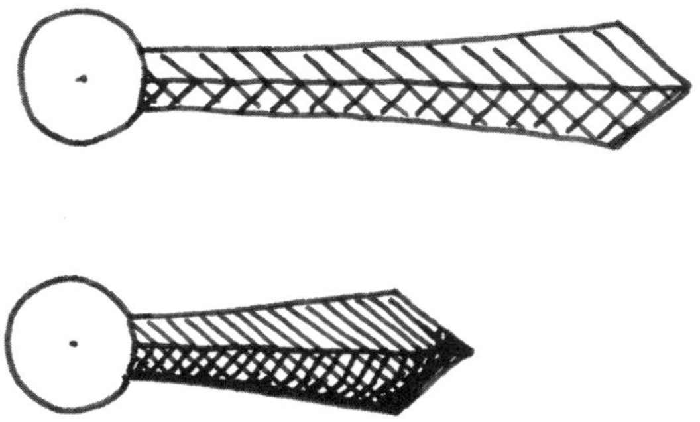

# Wie viel Uhr ist es? L 3

1. Diktieren Sie Ihrem Partner die angegebenen Uhrzeiten.
   Ihr Partner stellt die Uhrzeit auf der großen Uhr ein.

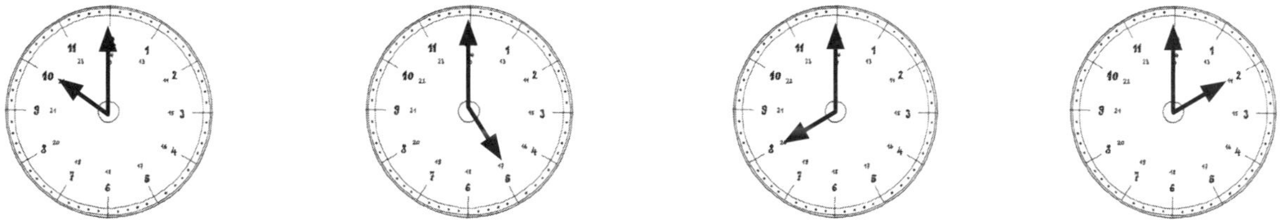

Es ist 10.00 Uhr.
Es ist 22.00 Uhr.

Es ist 5.00 Uhr.
Es ist 17.00 Uhr.

Es ist 8.00 Uhr.
Es ist 20.00 Uhr.

Es ist 2.00 Uhr.
Es ist 14.00 Uhr.

2. Was passt zusammen?

| | | | | | |
|---|---|---|---|---|---|
| 7.00 Uhr | 9.00 Uhr | 12.00 Uhr | 3.00 Uhr | 5.00 Uhr | 8.00 Uhr |

| | | | | | |
|---|---|---|---|---|---|
| 15.00 Uhr | 17.00 Uhr | 19.00 Uhr | 20.00 Uhr | 21.00 Uhr | 24.00 Uhr |

3. Wie viel Uhr ist es? Schreiben Sie.

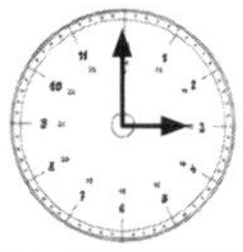

Wortschatz: Uhrzeit
Grammatik: Satzstruktur »Es ist … Uhr.«
Lesen durch Schreiben: LES

# Die Zahlen von 1 – 60

1. Ergänzen Sie die Zahlen-Tafel.

| | | | | | | | | | |
|---|---|---|---|---|---|---|---|---|---|
| 1 | 2 | 3 | 4 | 5 | 6 | 7 | 8 | 9 | 10 |
| 11 | 12 | | 14 | 15 | | 17 | | 19 | 20 |
| 21 | | 23 | 24 | | 26 | | 28 | | 30 |
| 31 | 32 | 33 | | 35 | | 37 | | 39 | 40 |
| | 42 | 43 | 44 | | 46 | | 48 | | |
| | 52 | | 54 | 55 | | 57 | 58 | | 60 |

2. Ergänzen Sie die Zahlenfolgen.

10 20 30 40 ___ ___

5 15 25 ___ ___ ___

10 15 20 ___ ___ ___ ___ ___ ___ ___ ___

12 20 22 30 32 ___ ___ ___ ___ ___

3. Lesen Sie laut: 15.30 Uhr = 15 Uhr 30

| | | | | | |
|---|---|---|---|---|---|
| 8.00 Uhr | 8.30 Uhr | 18.00 Uhr | 18.30 Uhr | 22.00 Uhr | 22.30 Uhr |
| 6.00 Uhr | 6.30 Uhr | 16.00 Uhr | 16.30 Uhr | 13.00 Uhr | 13.30 Uhr |

4. Ergänzen Sie.

___ Uhr ___

___ Uhr ___

___ Uhr ___

___ Uhr ___



Wortschatz: Zahlen bis 60
Lesen durch Schreiben: LES und SCH

# Neunerquadrat A



1. Falten Sie das Arbeitsblatt.
2. Diktieren Sie Ihrem Partner die Zahlen aus den Feldern 1 und 2.
   Beginnen Sie in jeder Zeile beim Pfeil (→).
3. Ihr Partner schreibt auf seinem Arbeitsblatt (S. 47) die Zahlen in die Kästchen seiner Felder 1 und 2.
4. Vergleichen Sie gemeinsam, ob alles richtig geschrieben ist.
5. Dann diktiert Ihr Partner und Sie schreiben.

Falten!

Feld 1: **Lesen Sie:**

| | | | |
|---|---|---|---|
| → | 20 | 21 | 23 |
| → | 40 | 42 | 47 |
| → | 14 | 13 | 12 |

Feld 3: **Schreiben Sie:**

| | | | |
|---|---|---|---|
| → | _ _ | _ _ | _ _ |
| → | _ _ | _ _ | _ _ |
| → | _ _ | _ _ | _ _ |

Feld 2: **Lesen Sie:**

| | | | |
|---|---|---|---|
| → | 35 | 36 | 30 |
| → | 16 | 17 | 13 |
| → | 60 | 18 | 58 |

Feld 4: **Schreiben Sie:**

| | | | |
|---|---|---|---|
| → | _ _ | _ _ | _ _ |
| → | _ _ | _ _ | _ _ |
| → | _ _ | _ _ | _ _ |

# L 3 Neunerquadrat A (Zusatz)

Zusatzaufgabe

1. Falten Sie das Arbeitsblatt.
2. Denken Sie sich Zahlen aus und schreiben Sie sie in die grauen Kästchen.
3. Diktieren Sie Ihrem Partner die Zahlen aus den Feldern 5 und 6.
   Beginnen Sie in jeder Zeile beim Pfeil (→).
4. Ihr Partner schreibt auf seinem Arbeitsblatt (S. 48) die Zahlen in die Kästchen der Felder 5 und 6.
5. Vergleichen Sie gemeinsam, ob alles richtig geschrieben ist.
6. Dann diktiert Ihr Partner und Sie schreiben.

Falten!

Feld 5: Schreiben und lesen Sie:

| | | | |
|---|---|---|---|
| → | | | |
| → | | | |
| → | | | |

Feld 7: Schreiben Sie:

| | | | |
|---|---|---|---|
| → | | | |
| → | | | |
| → | | | |

Feld 6: Schreiben und lesen Sie:

| | | | |
|---|---|---|---|
| → | | | |
| → | | | |
| → | | | |

Feld 8: Schreiben Sie:

| | | | |
|---|---|---|---|
| → | | | |
| → | | | |
| → | | | |

# Neunerquadrat B

**L 3**

1. Falten Sie das Arbeitsblatt.
2. Schreiben Sie in die Kästchen der Felder 1 und 2, was Ihr Partner Ihnen diktiert. Beginnen Sie in jeder Zeile beim Pfeil (→).
3. Vergleichen Sie gemeinsam, ob alles richtig geschrieben ist.
4. Dann diktieren Sie Ihrem Partner die Zahlen aus den Feldern 3 und 4.

Falten!

Feld 3: Lesen Sie:

| | | | |
|---|---|---|---|
| → | 31 | 35 | 39 |
| → | 13 | 15 | 19 |
| → | 49 | 34 | 32 |

Feld 1: Schreiben Sie:

| | | | |
|---|---|---|---|
| → | _ _ | _ _ | _ _ |
| → | _ _ | _ _ | _ _ |
| → | _ _ | _ _ | _ _ |

Feld 4: Lesen Sie:

| | | | |
|---|---|---|---|
| → | 50 | 53 | 13 |
| → | 17 | 16 | 60 |
| → | 40 | 14 | 24 |

Feld 2: Schreiben Sie:

| | | | |
|---|---|---|---|
| → | _ _ | _ _ | _ _ |
| → | _ _ | _ _ | _ _ |
| → | _ _ | _ _ | _ _ |

# L 3 Neunerquadrat B (Zusatz)

Zusatzaufgabe
1. Falten Sie das Arbeitsblatt.
2. Denken Sie sich Zahlen aus und schreiben Sie sie in die grauen Kästchen der felder 7 und 8.
3. Schreiben Sie in die Kästchen der Felder 5 und 6, was Ihr Partner Ihnen diktiert. Beginnen Sie in jeder Zeile beim Pfeil (→).
4. Vergleichen Sie gemeinsam, ob alles richtig geschrieben ist.
5. Dann diktieren Sie Ihrem Partner die Zahlen aus den Feldern 7 und 8.

Falten!

Feld 7: Schreiben und lesen Sie:

| | | | |
|---|---|---|---|
| → | | | |
| → | | | |
| → | | | |

Feld 5: Schreiben Sie:

| | | | |
|---|---|---|---|
| → | | | |
| → | | | |
| → | | | |

Feld 8: Schreiben und lesen Sie:

| | | | |
|---|---|---|---|
| → | | | |
| → | | | |
| → | | | |

Feld 6: Schreiben Sie:

| | | | |
|---|---|---|---|
| → | | | |
| → | | | |
| → | | | |

# Die Laute L, l und T



1. Arbeiten Sie zuerst mit dem Anlaut-Haus:
   Markieren Sie das L gelb und das l grün; ebenso I und i, T und t.
2. Erst nachmalen, dann in den Linien schreiben!

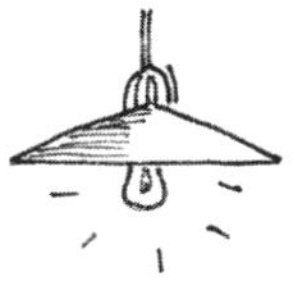

L

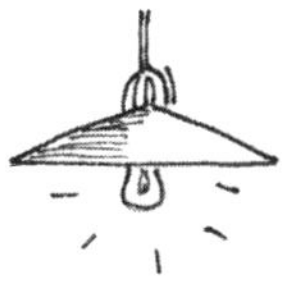

l

L

l

I

i

I

i

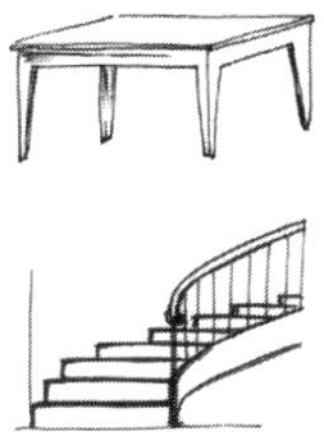

T

t

T

t

# L 3 Suchen Sie die Buchstaben!

1. Wie viele L und l finden Sie?
   Markieren Sie alle L gelb und l grün. Tragen Sie die Anzahl unten ein.

(L) I E F L L J J U L E L L F

l i t f l l j j l I I T l l i

los Leo lassen ist Lama fallen Ball alt

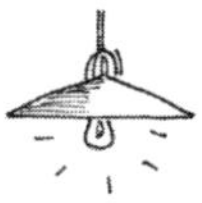

L: ______ l: ______

2. Wie viele I und i finden Sie?
   Markieren Sie alle I gelb und i grün. Tragen Sie die Anzahl unten ein.

(I) F L F T I I L J I T Y I I

i j i e j j i i j j p g j i i

ist es Insel Ina richtig je die sie

I: ______ i: ______

3. Wie viele T und t finden Sie?
   Markieren Sie alle T gelb und t grün. Tragen Sie die Anzahl unten ein.

(T) E Z F L T T E R T D F T T

t f t t + t f k l l t t l i t t

Tafel toll Elbe stehen Schmidt Thomas

T: ______ t: ______

# Hören Sie! L 3

Arbeiten Sie mit den Lotto-Karten (S. 23 und 39) und den Bildkarten (Anhang, bis S. 193). Sprechen Sie zuerst das Wort. Legen Sie die Karte auf das graue Feld, wenn Sie den gleichen Anlaut hören.

1. Welche Wörter haben den Anfangslaut L?

| | | |
|---|---|---|
| 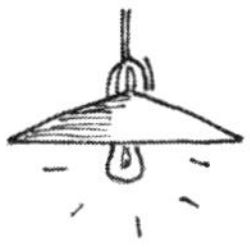 | L | |

2. Welche Wörter haben den Anfangslaut I?

| | | |
|---|---|---|
|   | I | |

3. Welche Wörter haben den Anfangslaut T?

| | | |
|---|---|---|
|   | T | |

# L 3 Schreiben und lesen Sie!

1. Was passt zusammen?
   Schreiben Sie dann zum Bild passende Buchstaben oder das ganze Wort.

| | | |
|---|---|---|
| I |  | T |
| L |  | |
| E |  | |
| D |  | |
| I | 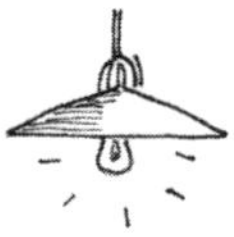 | |
| T |  | |
| T |  | |

2. Lesen Sie!

| | | | | | | |
|---|---|---|---|---|---|---|
| | |  i | |  e | |  u |
|  | L | Li | L | Le | L | Lu |
|  | T | Ti | T | Te | T | Tu |
|  | D | Di | D | De | D | Du |

# Neunerquadrat A



Arbeiten Sie mit dem Anlaut-Haus!

1. Falten Sie das Arbeitsblatt.
2. Diktieren Sie Ihrem Partner die Laute aus den Feldern 1 und 2. Beginnen Sie in jeder Zeile beim Pfeil (→).
3. Ihr Partner schreibt auf seinem Arbeitsblatt (S. 55) die Laute in die Kästchen seiner Felder 1 und 2.
4. Vergleichen Sie gemeinsam, ob alles richtig geschrieben ist.
5. Dann diktiert Ihr Partner und Sie schreiben.

Falten!

Feld 1: Lesen Sie:

| | | | |
|---|---|---|---|
| → | L | T | I |
| → | E | Te | Le |
| → | I | Ti | Li |

Feld 3: Schreiben Sie:

| | | | |
|---|---|---|---|
| → | _ | _ | _ |
| → | _ | __ | _ |
| → | _ | _ _ | _ _ |

Feld 2: Lesen Sie:

| | | | |
|---|---|---|---|
| → | T | D | De |
| → | E | El | Elf |
| → | S | Se | Si |

Feld 4: Schreiben Sie:

| | | | |
|---|---|---|---|
| → | _ | _ _ | _ _ |
| → | _ _ | _ _ | _ _ |
| → | _ _ | _ _ | _ _ |

# L 3 Neunerquadrat A (Zusatz)

Zusatzaufgabe

1. Falten Sie das Arbeitsblatt.
2. Schreiben Sie Laute oder Lautkombinationen in die grauen Kästchen.
3. Diktieren Sie dann Ihrem Partner die Laute aus den Feldern 5 und 6. Beginnen Sie in jeder Zeile beim Pfeil (→).
4. Ihr Partner schreibt auf seinem Arbeitsblatt (S. 56) die Laute in die Kästchen seiner Felder 5 und 6.
5. Vergleichen Sie gemeinsam, ob alles richtig geschrieben ist.
6. Dann diktiert Ihr Partner und Sie schreiben.

Falten!

Feld 5: Schreiben und lesen Sie:

| | | | |
|---|---|---|---|
| → | | | |
| → | | | |
| → | | | |

Feld 7: Schreiben Sie:

| | | | |
|---|---|---|---|
| → | | | |
| → | | | |
| → | | | |

Feld 6: Schreiben und lesen Sie:

| | | | |
|---|---|---|---|
| → | | | |
| → | | | |
| → | | | |

Feld 8: Schreiben Sie:

| | | | |
|---|---|---|---|
| → | | | |
| → | | | |
| → | | | |

# Neunerquadrat B



Arbeiten Sie mit dem Anlaut-Haus!

1. Falten Sie das Arbeitsblatt.
2. Schreiben Sie in die Kästchen der Felder 1 und 2, was Ihr Partner Ihnen diktiert. Beginnen Sie in jeder Zeile beim Pfeil (→).
3. Vergleichen Sie gemeinsam, ob alles richtig geschrieben ist.
4. Dann diktieren Sie Ihrem Partner die Laute aus den Feldern 3 und 4.

Falten!

Feld 3: **Lesen Sie:**

| | | | |
|---|---|---|---|
| → | D | T | U |
| → | S | Sch | F |
| → | I | Di | Fi |

Feld 1: **Schreiben Sie:**

| | | | |
|---|---|---|---|
| → | _ | _ | _ |
| → | _ | _ _ | _ _ |
| → | _ | _ _ | _ _ |

Feld 4: **Lesen Sie:**

| | | | |
|---|---|---|---|
| → | E | Ef | Et |
| → | Lu | Le | Li |
| → | Tu | Du | Su |

Feld 2: **Schreiben Sie:**

| | | | |
|---|---|---|---|
| → | _ | _ | _ _ |
| → | _ | _ _ | _ _ _ |
| → | _ | _ _ | _ _ |

# L 3 Neunerquadrat B (Zusatz)

Zusatzaufgabe

1. Falten Sie das Arbeitsblatt.
2. Schreiben Sie Laute oder Lautkombinationen in die grauen Kästchen der Felder 7 und 8.
3. Schreiben Sie in die Kästchen der Felder 5 und 6, was Ihr Partner Ihnen diktiert. Beginnen Sie in jeder Zeile beim Pfeil (→).
4. Vergleichen Sie gemeinsam, ob alles richtig geschrieben ist.
5. Dann diktieren Sie Ihrem Partner die Laute aus den Feldern 7 und 8.

Falten!

Feld 7: Schreiben und lesen Sie:

| | | | |
|---|---|---|---|
| → | | | |
| → | | | |
| → | | | |

Feld 5: Schreiben Sie:

| | | | |
|---|---|---|---|
| → | | | |
| → | | | |
| → | | | |

Feld 8: Schreiben und lesen Sie:

| | | | |
|---|---|---|---|
| → | | | |
| → | | | |
| → | | | |

Feld 6: Schreiben Sie:

| | | | |
|---|---|---|---|
| → | | | |
| → | | | |
| → | | | |

# Lesen Sie! L 3

1. Arbeiten Sie mit dem Anlaut-Haus. Schreiben Sie den passenden Laut unter das Bild.
2. Ziehen Sie die Laute zusammen und lesen Sie das Wort.
3. Verbinden Sie das Wort mit dem passenden Bild.

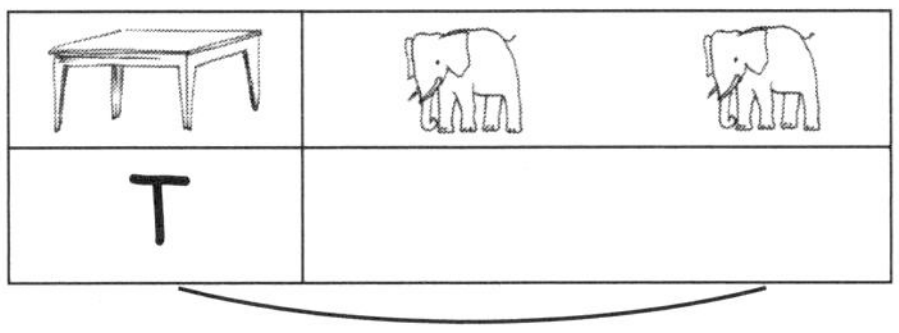


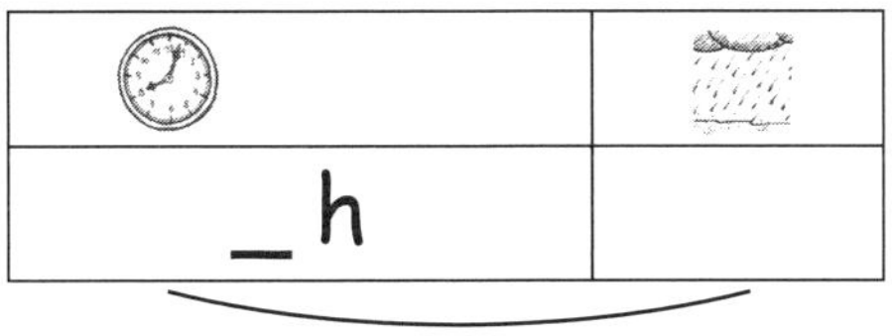


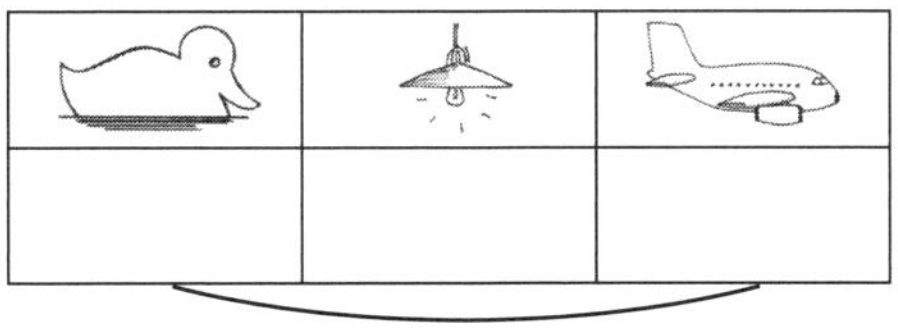

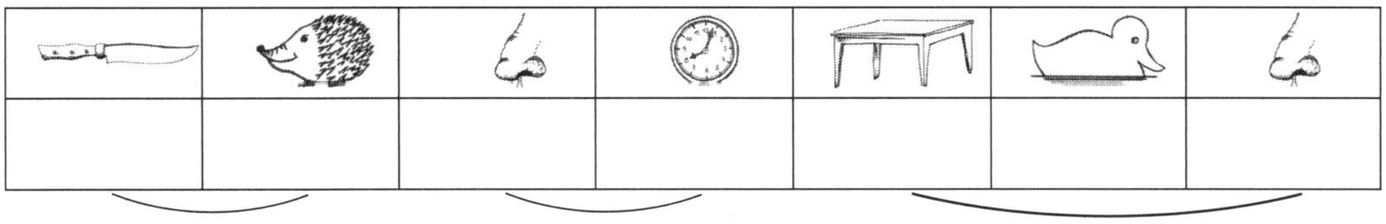

1

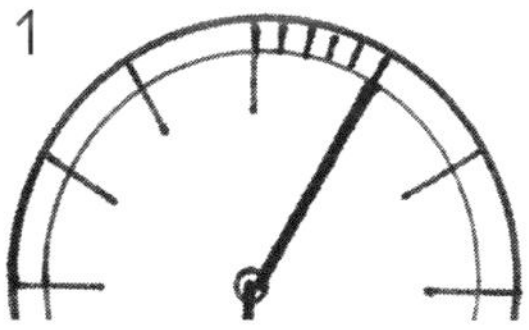

2 11

3

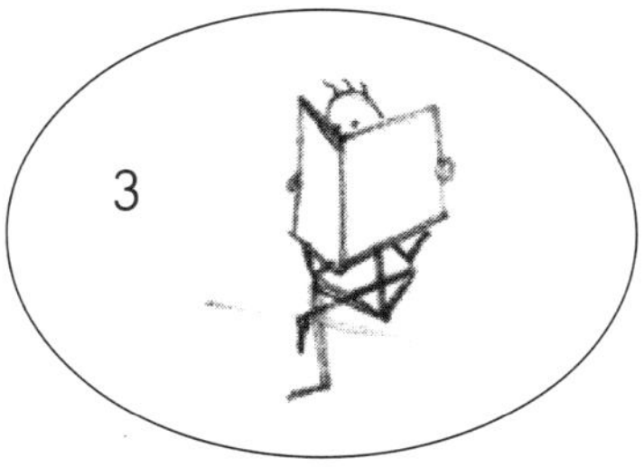

4

5

4. Und Sie? Haben Sie eine Uhr?

# Die Uhrzeit, Teil 1

1. Was passt zusammen?

| | |
|---|---|
| 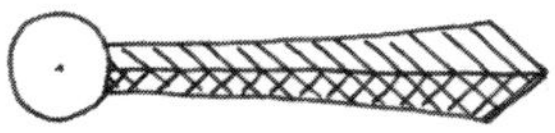 | der kleine Zeiger |
|  | die Uhr |
| 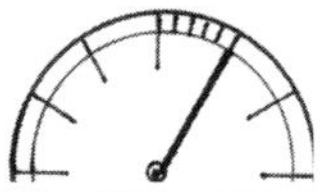 | die Uhrzeit |
|  | der große Zeiger |
|  | die Minuten |

2. Malen Sie die Zeiger passend zur Uhrzeit in die Uhren.

neun Uhr
09.00

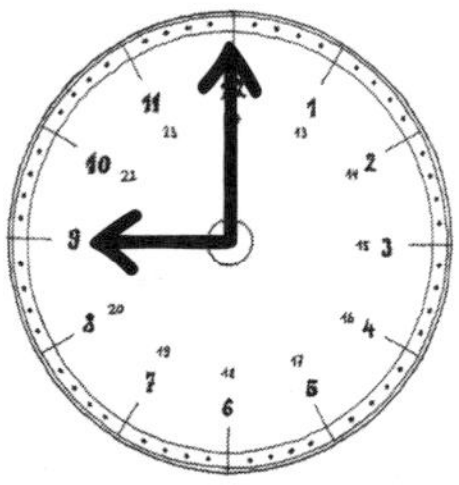

neun Uhr dreißig
09.30

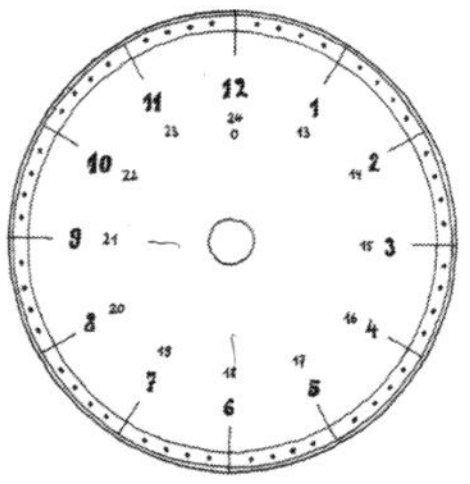

fünf Uhr
05.00

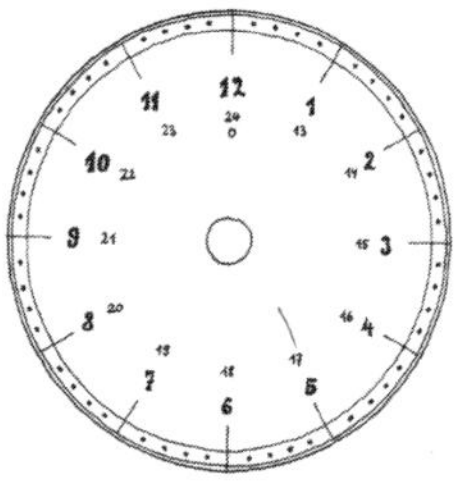

fünf Uhr dreißig
05.30

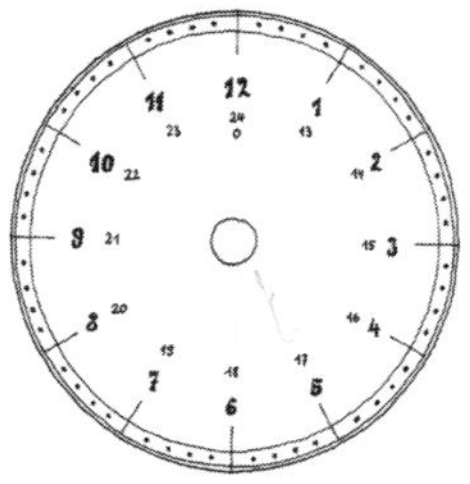

siebzehn Uhr
17.00

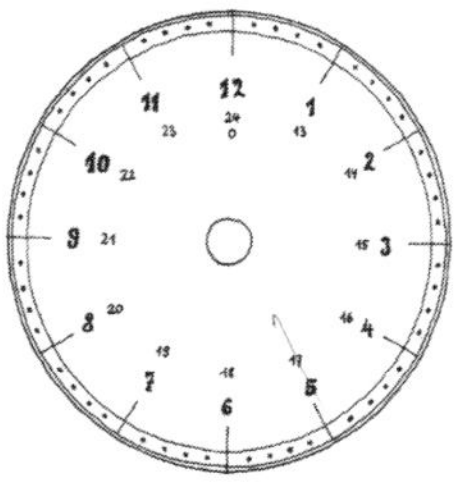

siebzehn Uhr dreißig
17.30

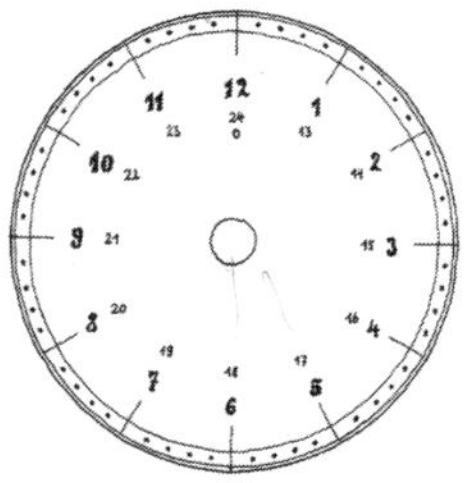

dreizehn Uhr
13.00

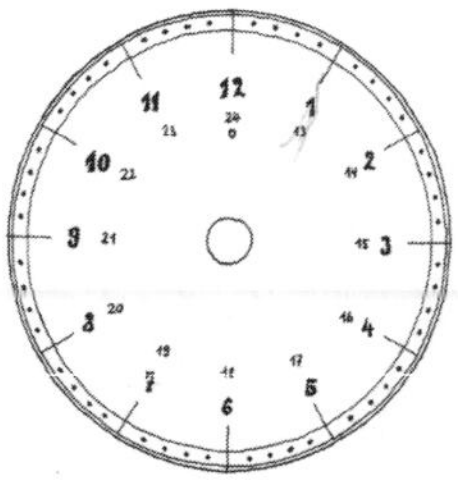

dreizehn Uhr dreißig
13.30

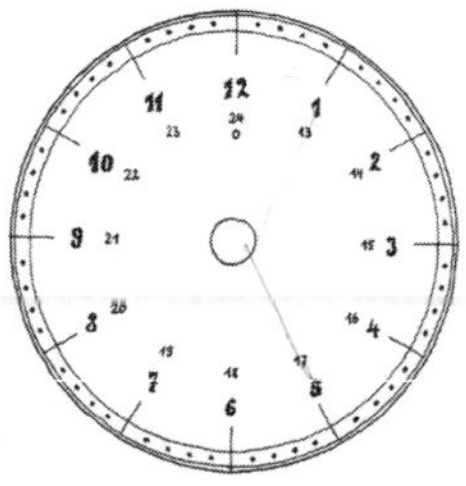

# Das Fernsehprogramm

| Dienstag, 19. August | |
|---|---|
| **Fernsehprogramm** | |
| 06.00 | Morgenmagazin<br>Frühstücksfernsehen |
| 06.55 | Sesamstraße<br>Kinderserie |
| 08.10 | Sturm der Liebe<br>Serie |
| 09.00 | Nordmagazin |
| 10.00 | Markt |
| 12.15 | In aller Freundschaft<br>Serie |
| 13.25 | Brisant |
| 15.00 | Tischtennis<br>Deutsche Meisterschaft |
| 15.45 | Sportschau |
| 16.10 | Mein Nachmittag |
| 18.05 | Das Wetter |
| 18.10 | Leute heute |
| 19.00 | Quiz |
| 19.30 | Hamburg-Journal |
| 20.00 | Tagesschau |
| 20.15 | Abenteuer Zoo<br>Elefanten in Afrika |
| 21.15 | Der Dieb<br>Krimi |
| 22.15 | Tagesthemen |
| 22.45 | Länder-Menschen<br>Mit dem Zug durch Russland |
| 23.30 | Ein Fall für zwei<br>Krimi |
| 01.00 | Nachtmagazin |
| 01.30 | Wunder der Erde |
| 02.15 | Der dritte Mann<br>Spielfilm |

1. Suchen Sie im Fernsehprogramm die Uhrzeiten folgender Sendungen:

(1) Morgenmagazin: 06.00 Uhr

(2) Tischtennis: ____________

(3) Sportschau: ____________

(4) Das Wetter: ____________

(5) Hamburg-Journal: ____________

(6) Tagesschau: ____________

(7) Abenteuer Zoo: ____________

(8) Tagesthemen: ____________

(9) Länder-Menschen: ____________

(10) Nachtmagazin: ____________

2. Fragen Sie Ihren Partner:

Um wie viel Uhr beginnt die Sendung (5)?

Antwort:

Um 19.30 Uhr.

Wortschatz: Fernsehen und Präposition »um«
Lesen durch Schreiben: WAH und WAH/SCH

# L 4 Die Uhrzeit, Teil 2

1. Lesen Sie laut: 12.45 Uhr = 12 Uhr 45

| | | | | | |
|---|---|---|---|---|---|
| 6.45 Uhr | 6.50 Uhr | 07.00 Uhr | 07.10 Uhr | 07.15 Uhr | 07.20 Uhr |
| 11.05 Uhr | 11.08 Uhr | 11.10 Uhr | 11.13 Uhr | 11.30 Uhr | 11.35 Uhr |
| 16.40 Uhr | 16.45 Uhr | 16.50 Uhr | 16.52 Uhr | 16.57 Uhr | 16.59 Uhr |

2. Diktieren Sie Ihrem Partner diese Uhrzeiten.
   Ihr Partner stellt die Uhrzeiten auf der großen Uhr (Seite 41) ein.

3. Schreiben Sie die Uhrzeit.

| | | | |
|---|---|---|---|
|  | ___ ___ Uhr |  | ___ ___ Uhr |
| 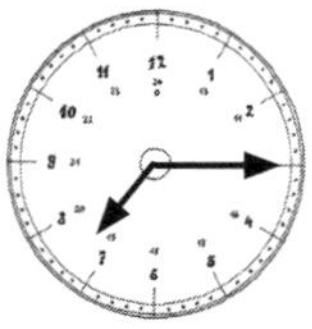 | ___ ___ Uhr |  | ___ ___ Uhr |
|  | ___ ___ Uhr |  | ___ ___ Uhr |

4. Lesen Sie.

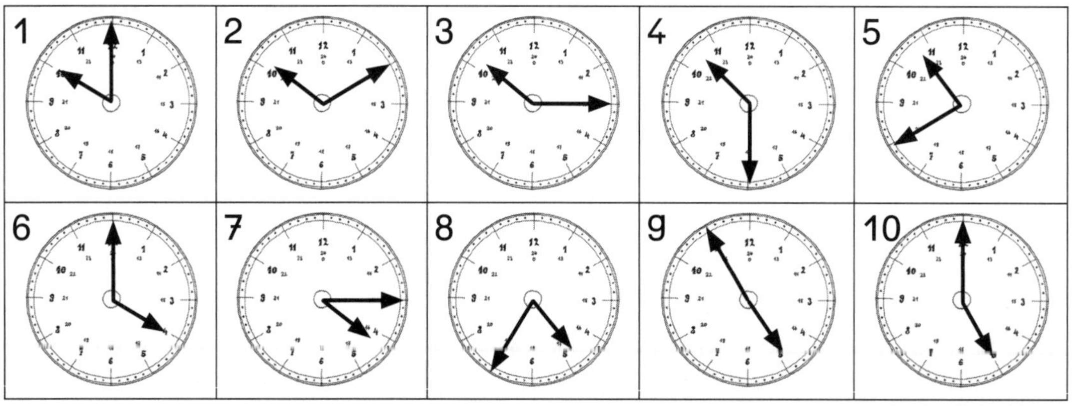

# Die Laute N, A und Z — L 4

1. Arbeiten Sie zuerst mit dem Anlaut-Haus:
   Markieren Sie das N gelb und das n grün; ebenso A und a, Z und z.
2. Erst nachmalen, dann in den Linien schreiben!

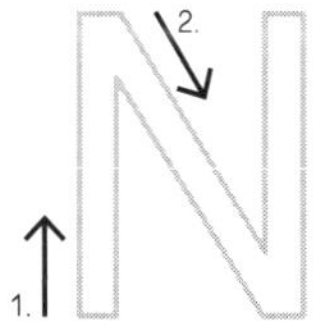

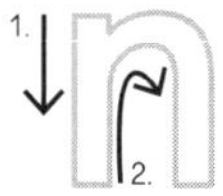


N n

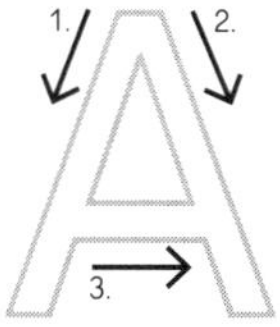

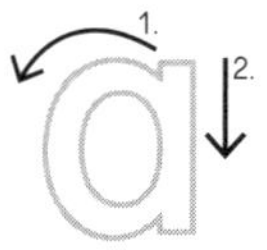


A a

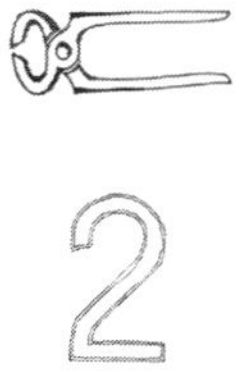
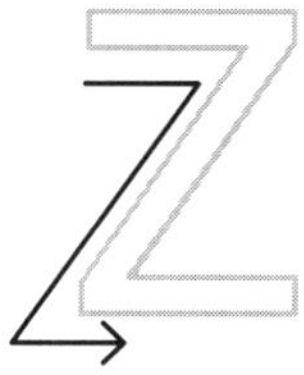

Z z

# L 4 Suchen Sie die Buchstaben!

1. Wie viele N und n finden Sie?
   Markieren Sie alle N gelb und n grün. Tragen Sie die Anzahl unten ein.

N M N N W V M N N U M N N

n m m n h i l u n h n m h n n

Null ein nein mein Menschen Neela und

| | | |
|---|---|---|
|  | N: ______ | n: ______ |

2. Wie viele A und a finden Sie?
   Markieren Sie alle A gelb und a grün. Tragen Sie die Anzahl unten ein.

A A K V U A Ä E N A I Y A A

a o d e ä a c o d a g a ä a a

Ast antworten Afrika Afghanistan das was

| | | |
|---|---|---|
| 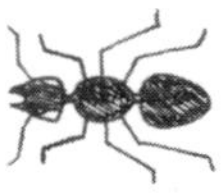  | A: ______ | a: ______ |

3. Wie viele Z und z finden Sie?
   Markieren Sie alle Z gelb und z grün. Tragen Sie die Anzahl unten ein.

Z Z A S N Z S A K Z S Sch Z

z s s sch z z n k v s w z k z z

zu Zoo Zeit seit Zahl Anzahl tanzen

| | | |
|---|---|---|
| 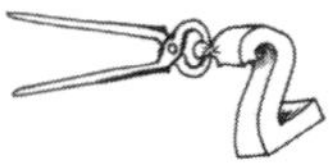 | Z: ______ | z: ______ |

# Hören Sie! L 4

Arbeiten Sie mit den Lotto-Karten (S. 23 und 39) und den Bildkarten (Anhang, bis S. 195). Sprechen Sie zuerst das Wort. Legen Sie die Karte auf das graue Feld, wenn Sie den gleichen Anlaut hören.

1. Welche Wörter haben den Anlaut N?

| | | |
|---|---|---|
|  | N | |

2. Welche Wörter haben den Anlaut A?

| | | |
|---|---|---|
| 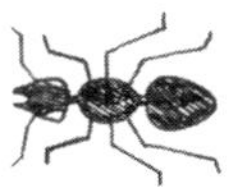  | A | |

3. Welche Wörter haben den Anlaut Z?

| | | |
|---|---|---|
| 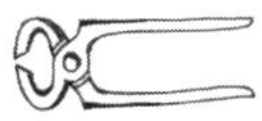 2 | Z | |

# Schreiben und lesen Sie!

1. Was passt zusammen?
   Schreiben Sie dann zum Bild passende Buchstaben oder das ganze Wort.

| | | |
|---|---|---|
| N |  | Z |
| A | 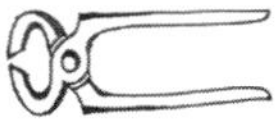 | |
| Z |  | |
| N |  | |
| Sch |  | |
| Z |  | |
| A |  | |

2. Lesen Sie!

| | |  a | |  e | |  u |
|---|---|---|---|---|---|---|
|  | N | Na | N | Ne | N | Nu |
| 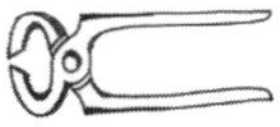 | Z | Za | Z | Ze | Z | Zu |
| 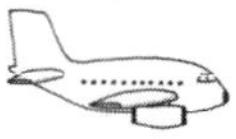 | F | Fa | F | Fe | F | Fu |

# Neunerquadrat A **L 4**

Arbeiten Sie mit dem Anlaut-Haus!

1. Falten Sie das Arbeitsblatt.
2. Diktieren Sie Ihrem Partner die Laute aus den Feldern 1 und 2.
   Beginnen Sie in jeder Zeile beim Pfeil (→).
3. Ihr Partner schreibt auf seinem Arbeitsblatt (S. 67) die Laute in die Kästchen seiner Felder 1 und 2.
4. Vergleichen Sie gemeinsam, ob alles richtig geschrieben ist.
5. Dann diktiert Ihr Partner und Sie schreiben.

Falten!

Feld 1: Lesen Sie:

| | | | |
|---|---|---|---|
| → | N | A | Na |
| → | Z | Za | E |
| → | Ne | Ze | Zu |

Feld 3: Schreiben Sie:

| | | | |
|---|---|---|---|
| → | _ | _ | _ _ |
| → | _ | _ | _ _ |
| → | _ _ | _ | _ _ |

Feld 2: Lesen Sie:

| | | | |
|---|---|---|---|
| → | D | Da | Das |
| → | A | As | Ast |
| → | L | Al | Alt |

Feld 4: Schreiben Sie:

| | | | |
|---|---|---|---|
| → | _ | _ | _ _ |
| → | _ _ | _ _ _ | _ |
| → | _ _ | _ _ | _ _ _ |

# L 4 Neunerquadrat A (Zusatz)

Zusatzaufgabe

1. Falten Sie das Arbeitsblatt.
2. Schreiben Sie Laute oder Lautkombinationen in die grauen Kästchen.
3. Diktieren Sie dann Ihrem Partner die Laute aus den Feldern 5 und 6. Beginnen Sie in jeder Zeile beim Pfeil (→).
4. Ihr Partner schreibt auf seinem Arbeitsblatt (Seite 68) die Laute in die Kästchen seiner Felder 5 und 6.
5. Vergleichen Sie gemeinsam, ob alles richtig geschrieben ist.
6. Dann diktiert Ihr Partner und Sie schreiben.

Falten!

Feld 5: Schreiben und lesen Sie:

| | | | |
|---|---|---|---|
| → | | | |
| → | | | |
| → | | | |

Feld 7: Schreiben Sie:

| | | | |
|---|---|---|---|
| → | | | |
| → | | | |
| → | | | |

Feld 6: Schreiben und lesen Sie:

| | | | |
|---|---|---|---|
| → | | | |
| → | | | |
| → | | | |

Feld 8: Schreiben Sie:

| | | | |
|---|---|---|---|
| → | | | |
| → | | | |
| → | | | |

# Neunerquadrat B



Arbeiten Sie mit dem Anlaut-Haus!

1. Falten Sie das Arbeitsblatt.
2. Schreiben Sie in die Kästchen der Felder 1 und 2, was Ihr Partner Ihnen diktiert. Beginnen Sie in jeder Zeile beim Pfeil (→).
3. Vergleichen Sie gemeinsam, ob alles richtig geschrieben ist.
4. Dann diktieren Sie Ihrem Partner die Laute aus den Feldern 3 und 4.

Falten!

Feld 3: Lesen Sie:

| | | | |
|---|---|---|---|
| → | Z | U | Zu |
| → | A | N | An |
| → | Un | E | En |

Feld 1: Schreiben Sie:

| | | | |
|---|---|---|---|
| → | _ | _ | _ _ |
| → | _ | _ _ | _ |
| → | _ _ | _ _ | _ _ |

Feld 4: Lesen Sie:

| | | | |
|---|---|---|---|
| → | L | A | La |
| → | Za | Zan | F |
| → | Fa | Fe | Fel |

Feld 2: Schreiben Sie:

| | | | |
|---|---|---|---|
| → | _ | _ _ | _ _ _ |
| → | _ | _ _ | _ _ _ |
| → | _ | _ _ | _ _ _ |

# L 4 Neunerquadrat B (Zusatz)

Zusatzaufgabe

1. Falten Sie das Arbeitsblatt.
2. Schreiben Sie Laute oder Lautkombinationen in die grauen Kästchen der Felder 7 und 8.
3. Schreiben Sie in die Kästchen der Felder 5 und 6, was Ihr Partner Ihnen diktiert. Beginnen Sie in jeder Zeile beim Pfeil (→).
4. Vergleichen Sie gemeinsam, ob alles richtig geschrieben ist.
5. Dann diktieren Sie Ihrem Partner die Laute aus den Feldern 7 und 8.

Falten!

Feld 7: Schreiben und lesen Sie:

| | | | |
|---|---|---|---|
| → | | | |
| → | | | |
| → | | | |

Feld 5: Schreiben Sie:

| | | | |
|---|---|---|---|
| → | | | |
| → | | | |
| → | | | |

Feld 8: Schreiben und lesen Sie:

| | | | |
|---|---|---|---|
| → | | | |
| → | | | |
| → | | | |

Feld 6: Schreiben Sie:

| | | | |
|---|---|---|---|
| → | | | |
| → | | | |
| → | | | |

# Was passt zusammen? **L 4**

Suchen Sie zuerst zum Bild links den passenden Anlaut, dann rechts das Wort mit dem gleichen Anlaut. Schreiben Sie dann zum Bild passend.

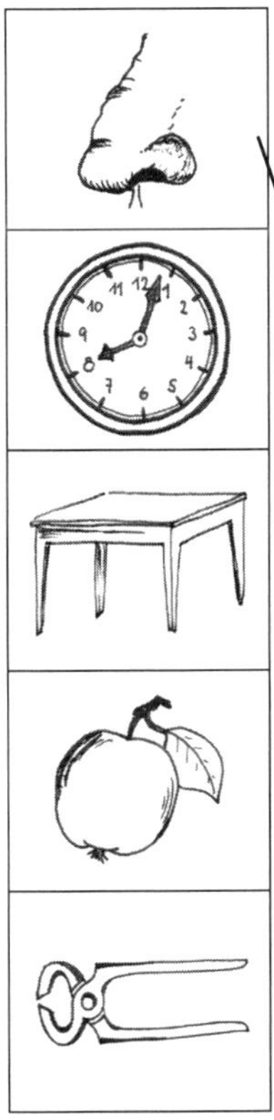

Z

T

A

N

U

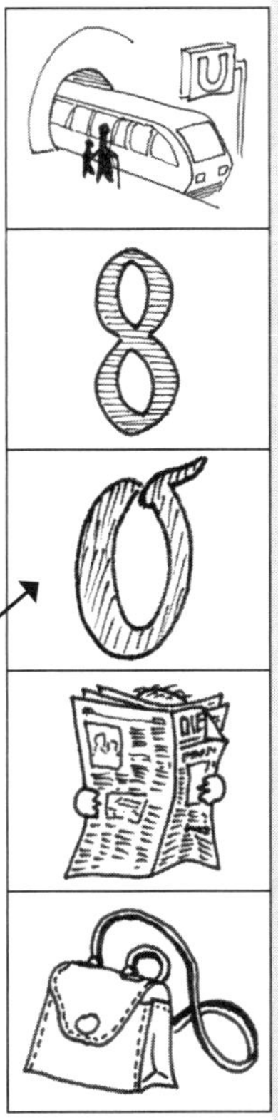

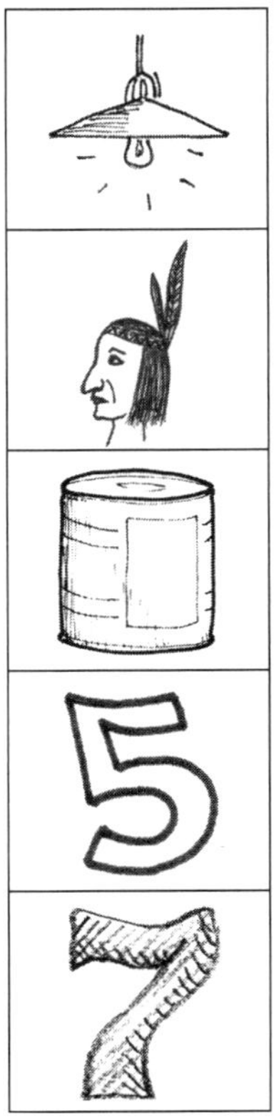

S

L

F

I

D

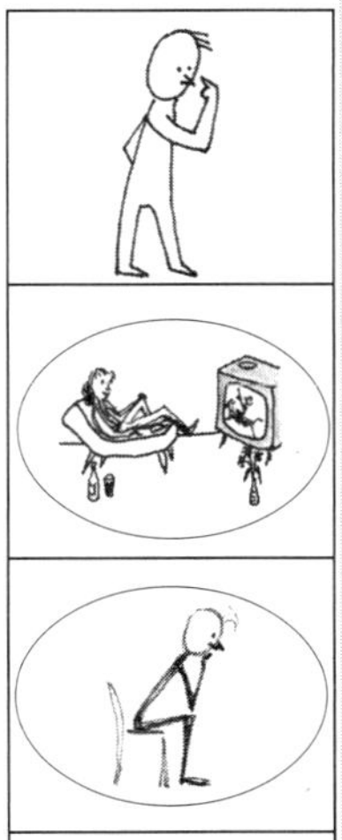

30

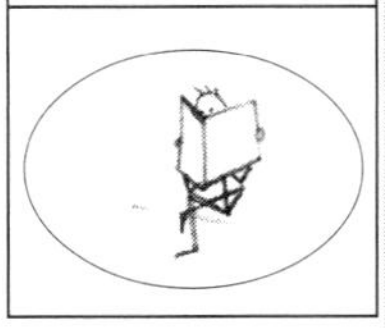

# L 4 Lesen Sie!

1. Arbeiten Sie mit dem Anlaut-Haus. Schreiben Sie den passenden Laut unter das Bild.
2. Ziehen Sie die Laute zusammen und lesen Sie das Wort.
3. Schreiben Sie die passende Bildnummer in das Sechseck.

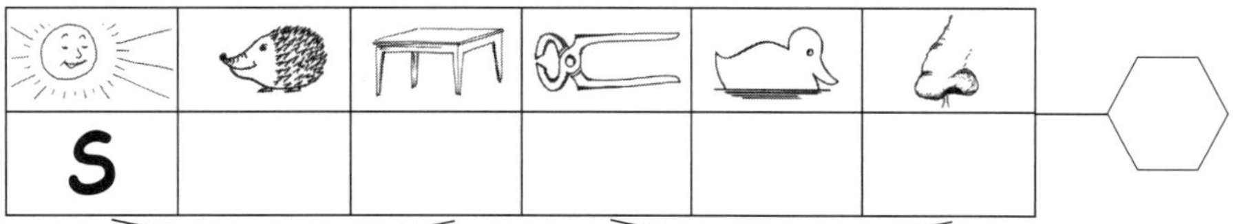


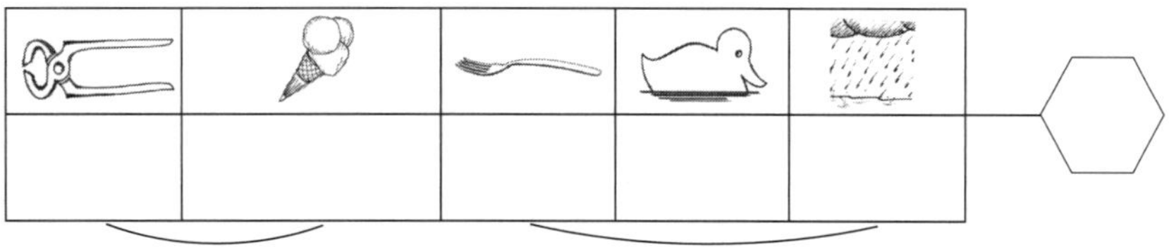

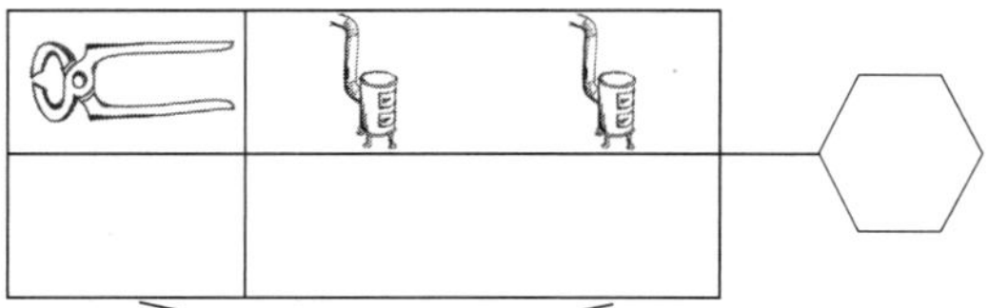

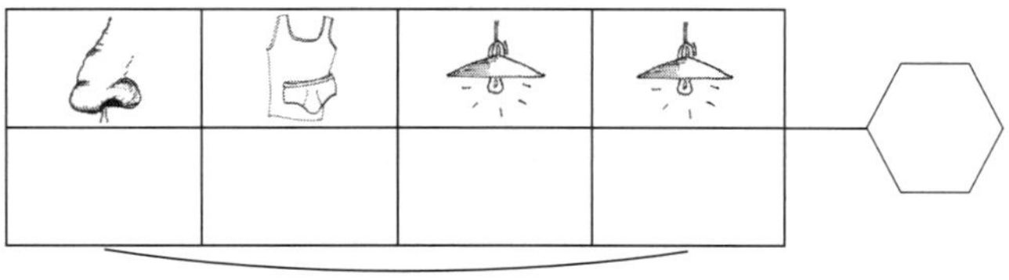

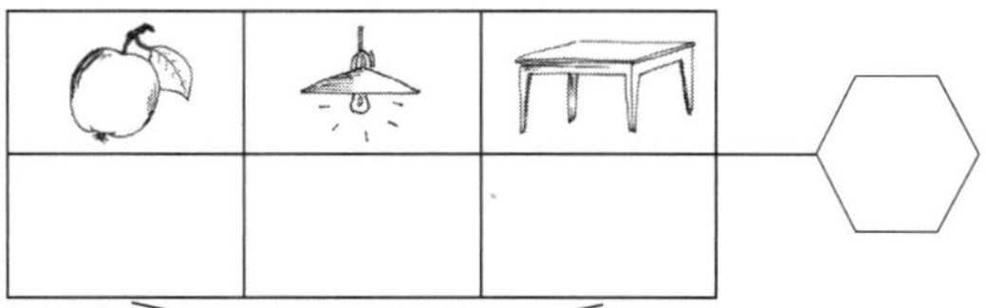

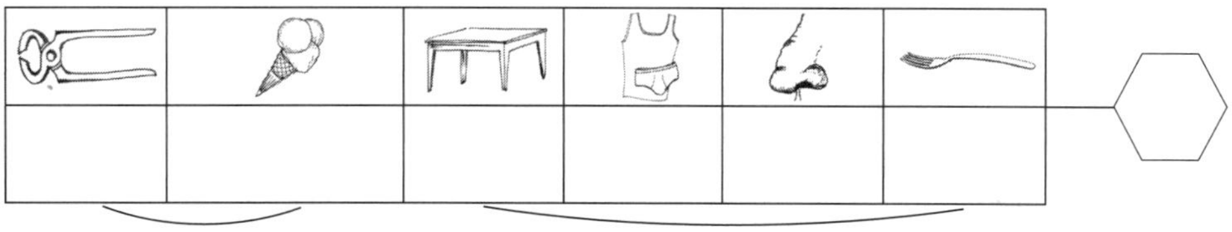

1

2

3

4

5

6

7

8
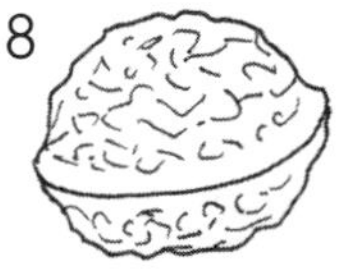

4. Und Sie? Haben Sie eine Zeitung?

# Die Wochentage



1. Was passt zusammen?

| | | |
|---|---|---|
| Mo | | Mittwoch |
| Di | | Donnerstag |
| Mi | | Samstag |
| Do | | Sonntag |
| Fr | | Dienstag |
| Sa | | Freitag |
| So | | Montag |

2. Welcher Buchstabe fehlt? Schreiben Sie ihn an die passende Stelle.

| | |
|---|---|
| Montag | Mo_t_g |
| Dienstag | D__nst_g |
| Donnerstag | _o__er_t_g |
| Freitag | _rei__g |
| Samstag | __m___g |
| Sonntag | _o____g |

3. Und heute? Welcher Tag ist heute?

# L 4 Wie viele sind das?

1. Lesen Sie.

D → Da → Das
i → is → ist

ei → ein → eine
z → zw → zwei

s → si → sin → sind
E → En → Ent → Ente → Enten

**ist → sind**

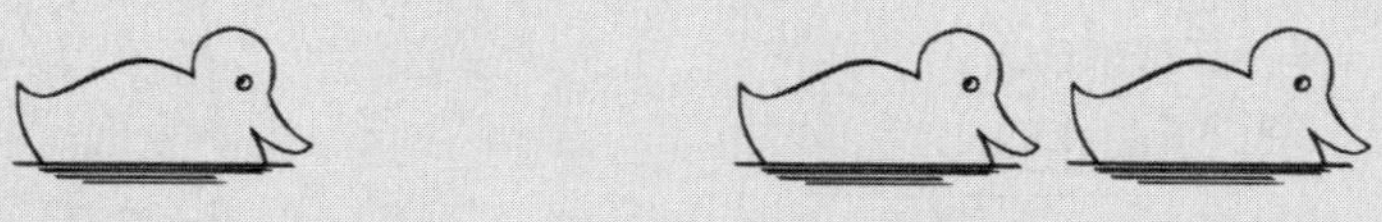

Das **ist** eine Ente. Das **sind** zwei Enten.

2. Sprechen Sie:

Das **ist** ...

Das **sind** ...

| | |
|---|---|
|  |  |
|  |  |
| 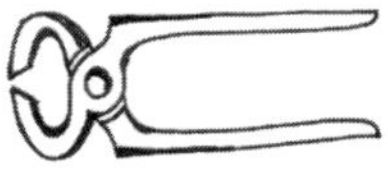 |  |
|  |  |
|  | 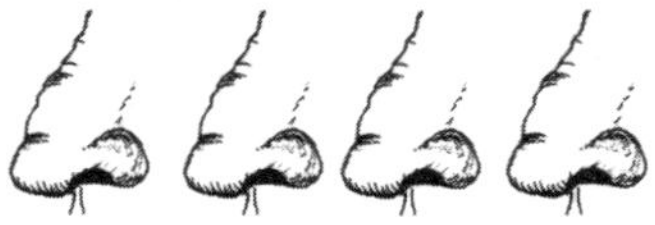 |
| 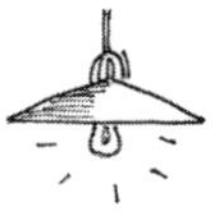 | 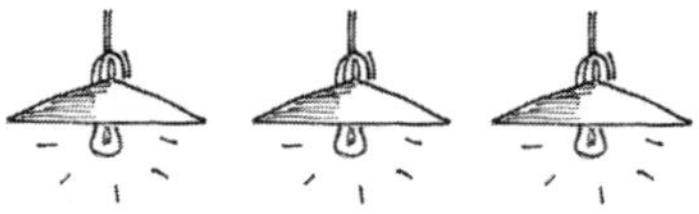 |
|  | 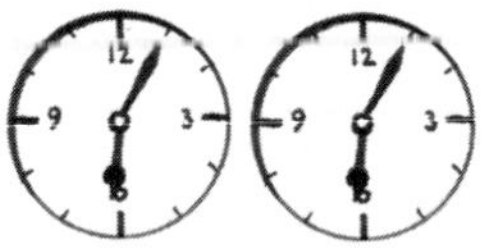 |



Grammatik: Verb »sein«, Plural-Endung -n
Lesen durch Schreiben: LES

# Ist oder sind? L 4

1. Setzen Sie passend zum Bild **ist** oder **sind** ein.

| | |
|---|---|
| 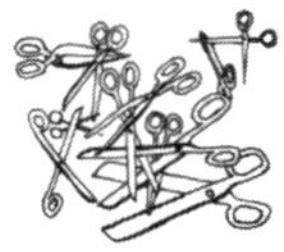 | Das sind viele Scheren |
|  | Das ______ eine Schere. |
|  | Das ______ ein Bleistift. |
| 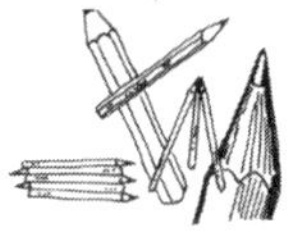 | Das ______ viele Bleistifte. |
|  | Das ______ viele Kinder. |
|  | Das ______ viele Jacken. |
|  | Das ______ eine Jacke. |
|  | Das ______ ein Stuhl. |
|  | Das ______ viele Stühle. |

2. Antworten Sie. Wie viele Scheren sind das?

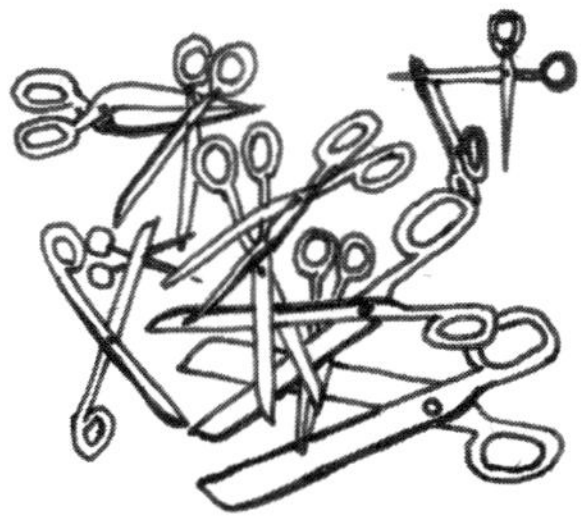

# L 4 Haben Sie ein Programm?

LOTTO-TAFEL 3: das/ein

| | |
|---|---|
| H  ☐ | L 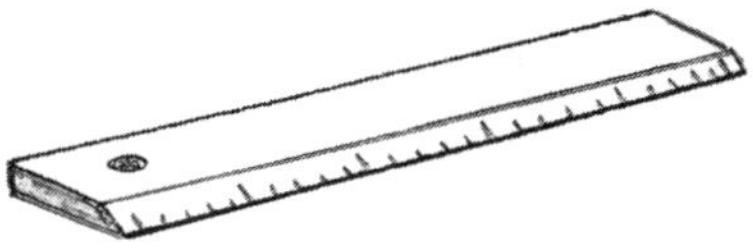 ☐ |
| B  ☐ | F  ☐ |
| D 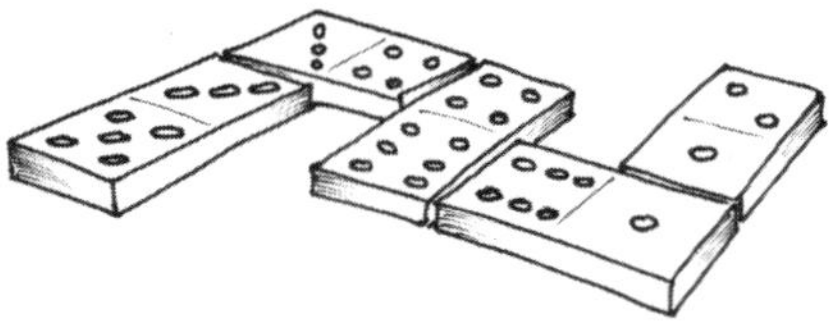 ☐ | R 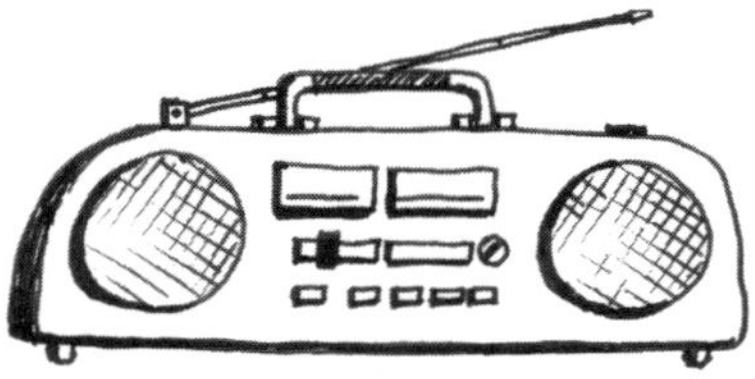 ☐ |

1. Malen Sie die kleinen Quadrate grün an: grün = das

**Artikel**

das/ein ⟶ das/ein

das  ⟶ Haben Sie **das** ?

ein  ⟶ Haben Sie **ein** ?

2. Fragen Sie Ihren Partner nach den Bildern auf der LOTTO-TAFEL 3:

Haben Sie **ein**  ?

Haben Sie **das**  ?



Wortschatz: Schule
Grammatik: Ja/Nein-Fragen, Artikel »das/ein«

# Ja, ich habe eins. L 4

1. Spielen Sie zuerst mit realen Gegenständen.
   Sehen Sie nach, ob Sie die Gegenstände haben, nach denen Ihr Partner fragt.
   Antworten Sie dann Ihrem Partner:

Nein, leider nicht.

Ja, ich habe **ein** .

2. Spielen Sie mit den LOTTO-KARTEN.
   Malen Sie zuerst die kleinen Quadrate grün an: grün = das
   Schneiden Sie die Karten aus.
   Antworten Sie Ihrem Partner und geben Sie ihm die passende Karte.

Ja, ich habe **das** .

67 ☐

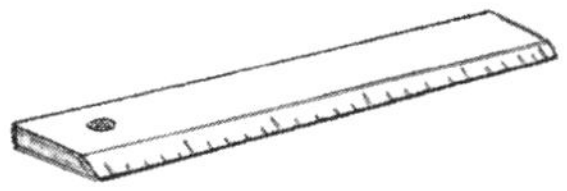
68 ☐

69 ☐

70 ☐

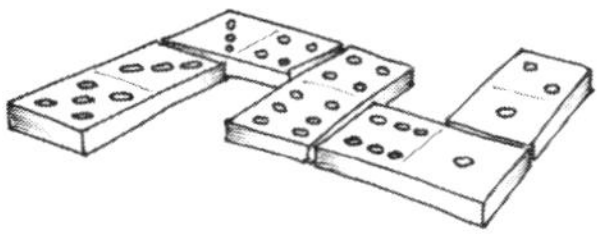
71 ☐

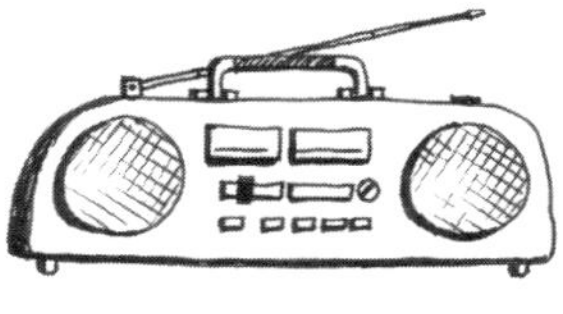
72 ☐

Was machen Sie in der Schule?

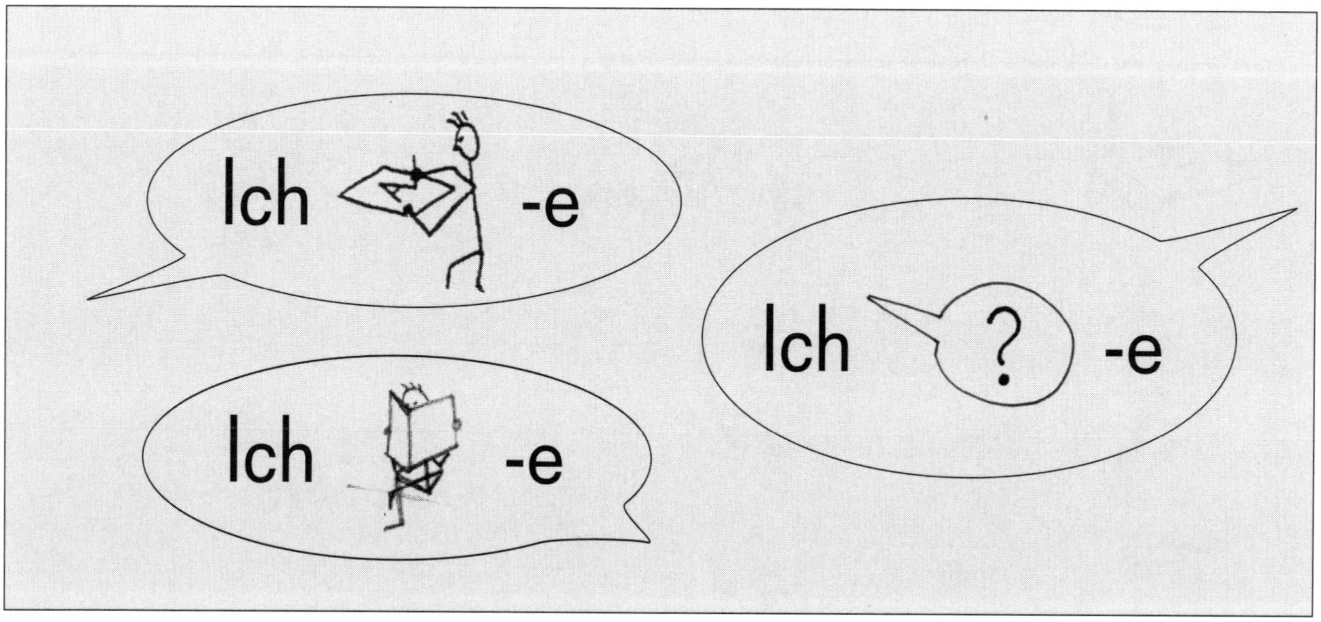


Erzählen Sie Ihrem Partner, was Sie sonst noch machen.

Wortschatz: Verben im Schulalltag
Grammatik: 1. Pers. Sg.

# L 5 Schreiben Sie!

1. Sprechen Sie das Verb zuerst. Schreiben Sie dann den Anlaut.

2. Schreiben Sie das ganze Verb, jeden Laut in ein Kästchen.

| | | | | | |
|---|---|---|---|---|---|
|  | e | | | | |

| | | | | | |
|---|---|---|---|---|---|
| 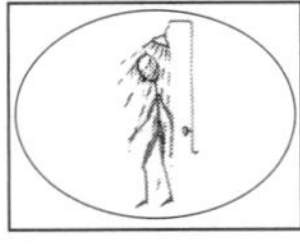 | | | | | |

3. Und Sie? Was machen Sie gerade?

# Verb-Karten



Schneiden Sie die Verb-Karten aus und sprechen Sie:

Ich ......-e

73

74

75

76

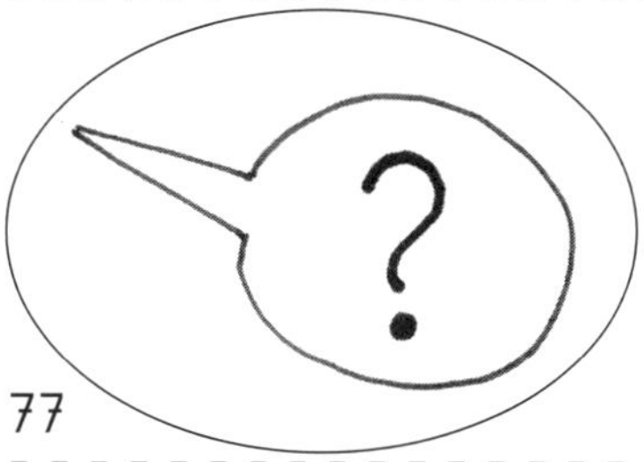
77

78

79

80

81

82

83

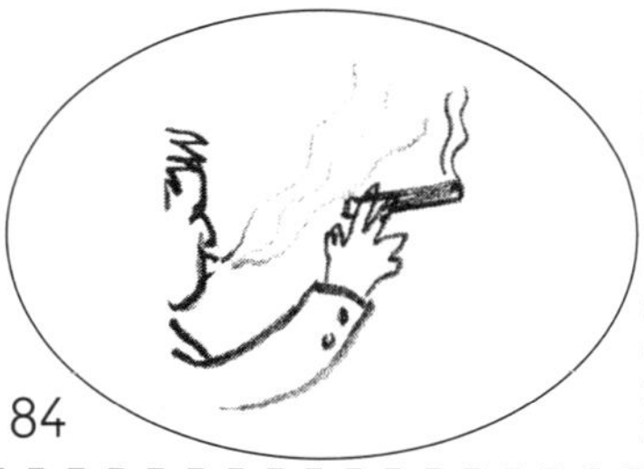
84

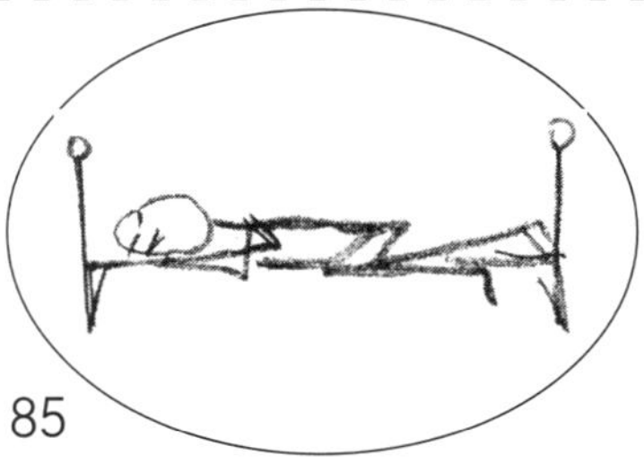
85

86

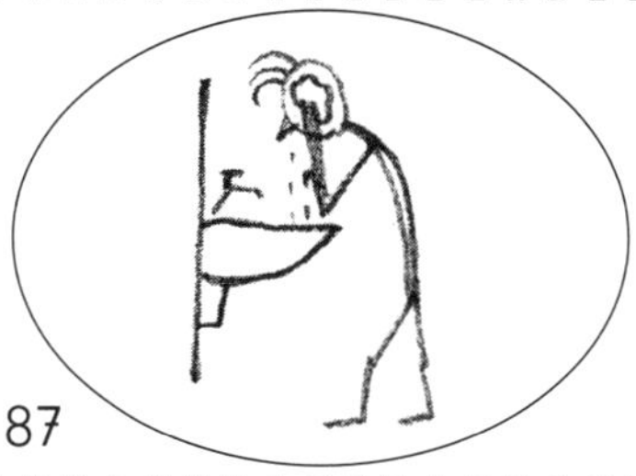
87

88

89

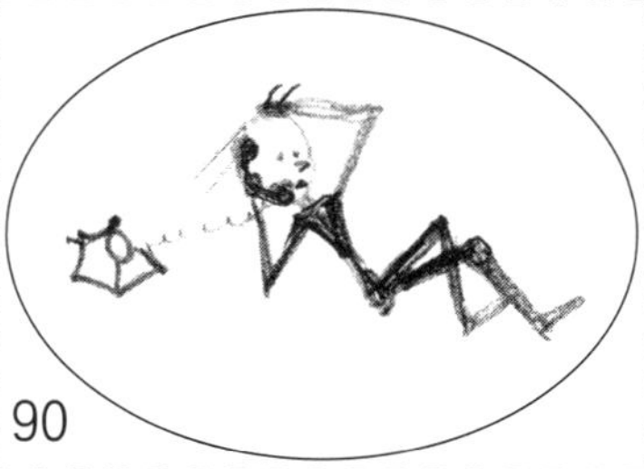
90

Wortschatz: Verben
Grammatik: 1. Pers. Sg.

# Die Laute G, Ei und R



1. Arbeiten Sie zuerst mit dem Anlaut-Haus:
   Markieren Sie das G gelb und das g grün; ebenso Ei und ei, R und r.
2. Erst nachmalen, dann in den Linien schreiben!

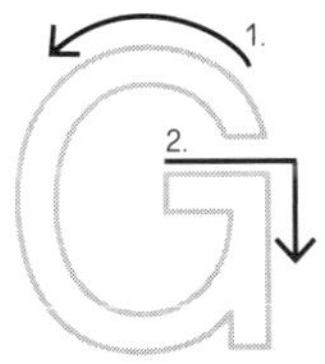

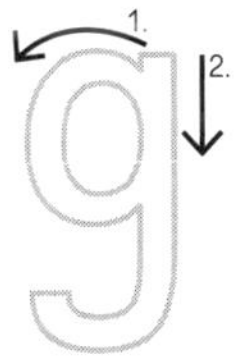


G g

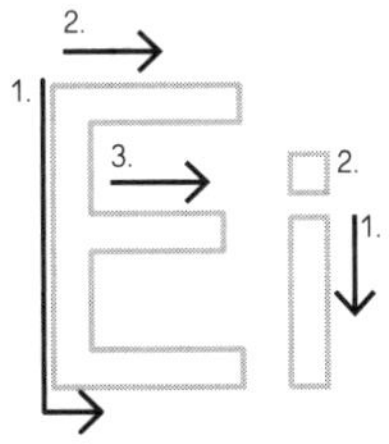

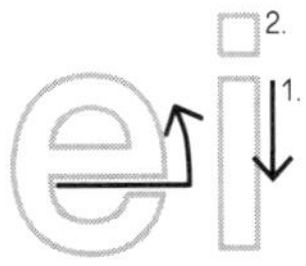


Ei ei

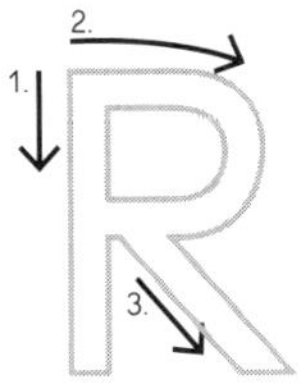

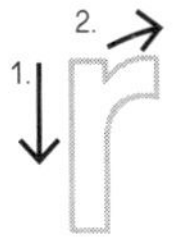


R r

# L 5 Suchen Sie die Buchstaben!

1. Wie viele G und g finden Sie?
   Markieren Sie alle G gelb und g grün. Tragen Sie die Anzahl unten ein.

(G) K A R G B B G A G B S G G

g o o g p p a g o g g o a p g

Garten Tag gelb Papier farbig fragen Frage

| | | |
|---|---|---|
|  | G: ______ | g: ______ |

2. Wie viele Ei und ei finden Sie?
   Markieren Sie alle Ei gelb und ei grün. Tragen Sie die Anzahl unten ein.

(Ei) E Ei F E Ei Ai A Eu Fi Ei E Ei

ei eu ei e a ai ei e e eu ei e ei

Eisen eins elf nein Fee Feuer klein vier

| | | |
|---|---|---|
|  | Ei: ______ | ei: ______ |

3. Wie viele R und r finden Sie?
   Markieren Sie alle R gelb und r grün. Tragen Sie die Anzahl unten ein.

(R) K P R O B R R K Z B S P R

r n s r m n r r o p r n m n r

rund Post Rost rot Brot Rand Farben Feier

| | | |
|---|---|---|
|  | R: ______ | r: ______ |

# Hören Sie!



Arbeiten Sie mit allen Lotto-Karten, den Verb-Karten (S. 79) und den Bildkarten (Anhang, bis S. 197). Sprechen Sie zuerst das Wort. Legen Sie die Karte auf das graue Feld, wenn Sie den gleichen Anlaut hören.

1. Welche Wörter haben den Anfangslaut G?

| | | |
|---|---|---|
|  | G | |

2. Welche Wörter haben den Anfangslaut Ei?

| | | |
|---|---|---|
|  | Ei | |

3. Welche Wörter haben den Anfangslaut R?

| | | |
|---|---|---|
|  | R | |

# L 5 Schreiben und lesen Sie!

1. Was passt zusammen?
Schreiben Sie dann zum Bild passende Buchstaben oder das ganze Wort.

| | | |
|---|---|---|
| g |  | |
| A |  | g |
| Ei |  | |
| R |  | |
| e |  | |
| ei |  | |
| G | 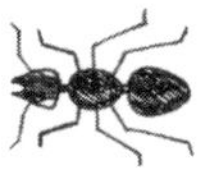 | |

2. Lesen Sie!

| | |  a | |  ei | |  e |
|---|---|---|---|---|---|---|
|  | R | Ra | R | Rei | R | Re |
|  | G | Ga | G | Gei | G | Ge |
|  | N | Na | N | Nei | N | Ne |

# Wo hören Sie den Laut Ei? L 5

1. Hören Sie ein Ei? Wenn ja, an welcher Stelle?
   Schreiben Sie das Ei oder ei in das richtige Kästchen.

Beispiel:

| am Anfang | in der Mitte | am Ende | kein Ei/ei |
|---|---|---|---|
|  | 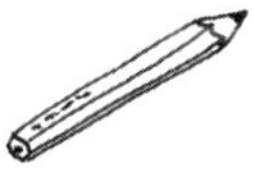 | 3 | 4 |
| Ei — — | — ei — | — — ei | — — — |

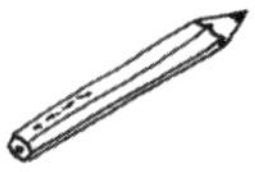

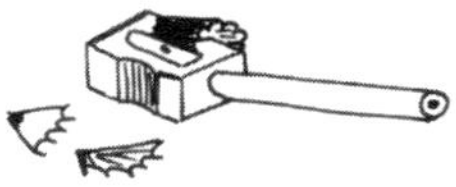

1

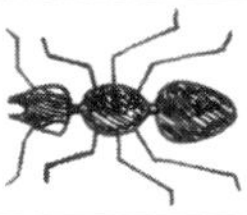

2

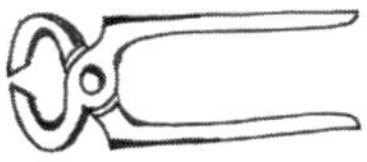

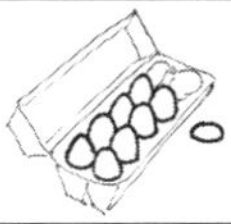

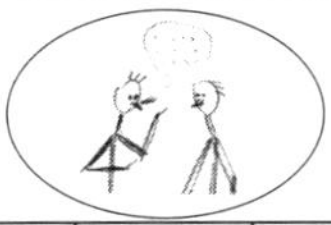

12

13

2. Welcher Wochentag hat ein ei in der Mitte? ____________________

# Lesen Sie die Sätze!

1. Lesen Sie. Welches Bild passt?
Achtung! Es gibt nicht zu jedem Wort ein passendes Bild.

Ei → Eis (5)

ei → ein → eine → einen ( )

ei → ein → eins (2)

Ei → Eim → Eime → Eimer (4)

e → es → ess → esse → essen (7)

d → dr → drei (6)

z → zw → zwei (3)

k → kei → kein (—)

K → Ki → Kin → Kind → Kinde → Kinder (1)

1

2

3

4

5

6

7

2. Lesen Sie. Welches Bild passt?
Achtung! Es gibt nicht zu jedem Wort ein passendes Bild.

Das ist ein Ei. (11)

Das sind drei Eier. (13)

Das sind drei Eimer. (12)

Das ist ein Eimer. (9)

Die Kinder essen ein Eis. ( )

Die Kinder essen kein Eis. (8)

8

9

10
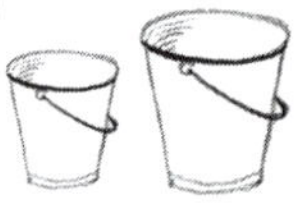
11
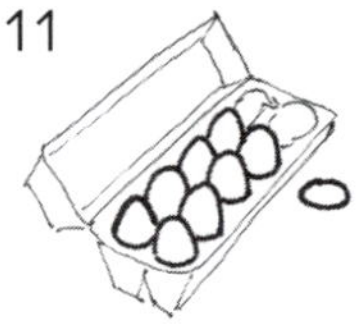
12
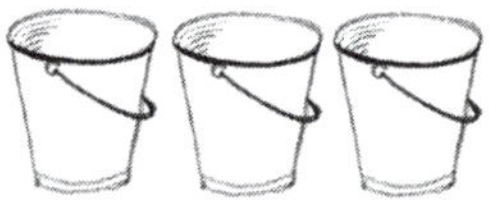
13
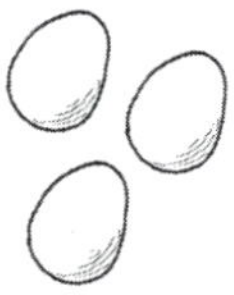

3. Markieren Sie alle Ei/ei
Wie viele Wörter mit Ei/ei finden Sie? ______

# Lesen Sie!



1. Arbeiten Sie mit dem Anlaut-Haus. Schreiben Sie den passenden Laut unter das Bild.
2. Ziehen Sie die Laute zusammen und lesen Sie das Wort.
3. Schreiben Sie die passende Bildnummer in das Sechseck.

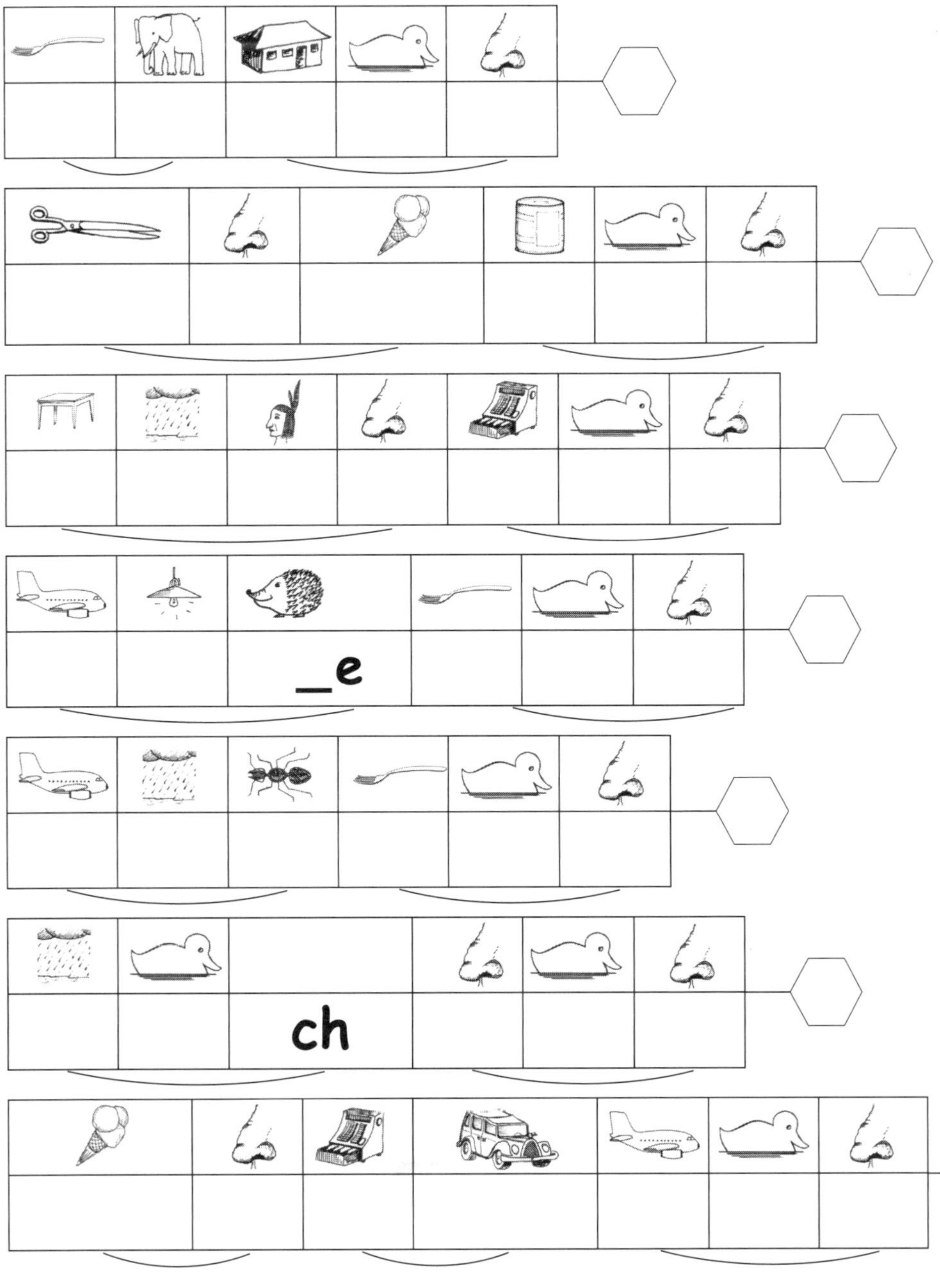

4. Und Sie? Sprechen Sie Deutsch?

# L 5 Vergleichen Sie!

1. Umkreisen Sie die richtig geschriebenen Wörter.

| | | | | |
|---|---|---|---|---|
| drei | dei | die | drei | bei |
| zwei | zei | zwei | zwie | zwei |
| ist | jst | ist | isst | ist |
| elf | eilf | ell | elf | eff |
| essen | eisen | essn | essen | esen |
| gehen | gehen | geben | gehen | jehen |
| schneiden | schneden | schniden | schneiden | sneiden |
| trinken | tinken | trinken | triken | trinken |
| fragen | fragn | fagen | fragen | fragen |
| fliegen | fleigen | fligen | fiegen | fliegen |
| duschen | dauschen | duschn | duschen | dusen |
| sprechen | sgrechen | sprechen | spreschen | spnechen |
| telefonieren | telefoniren | telefoneiren | telefonieren | tefonieren |

2. Schreiben Sie zu jedem Bild das passende Wort.

2

3

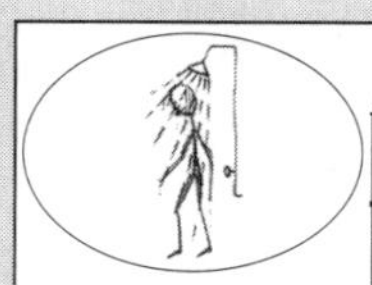

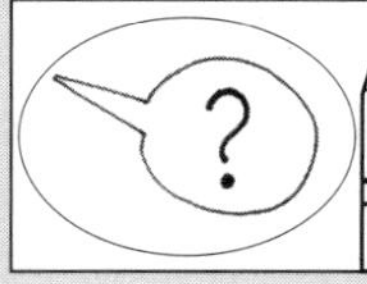

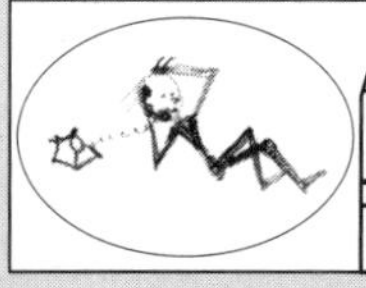

11

# Geht oder gehen?

**L 5**

| **Einzahl/Singular** | **Mehrzahl/Plural** |
|---|---|
| 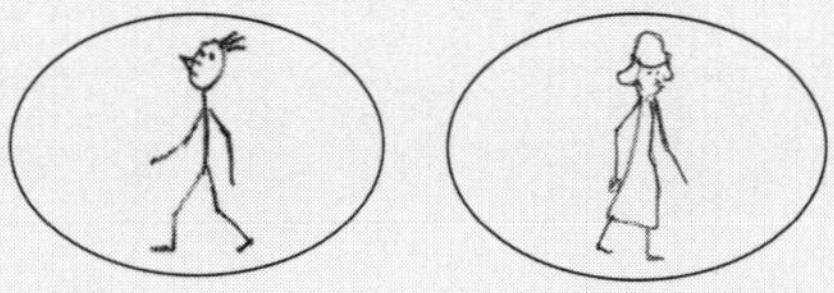 |  |
| Er geht. Sie geht. | Sie gehen. |

Was passt zusammen?
Verbinden Sie die Ovale mit einem Pfeil und sprechen Sie

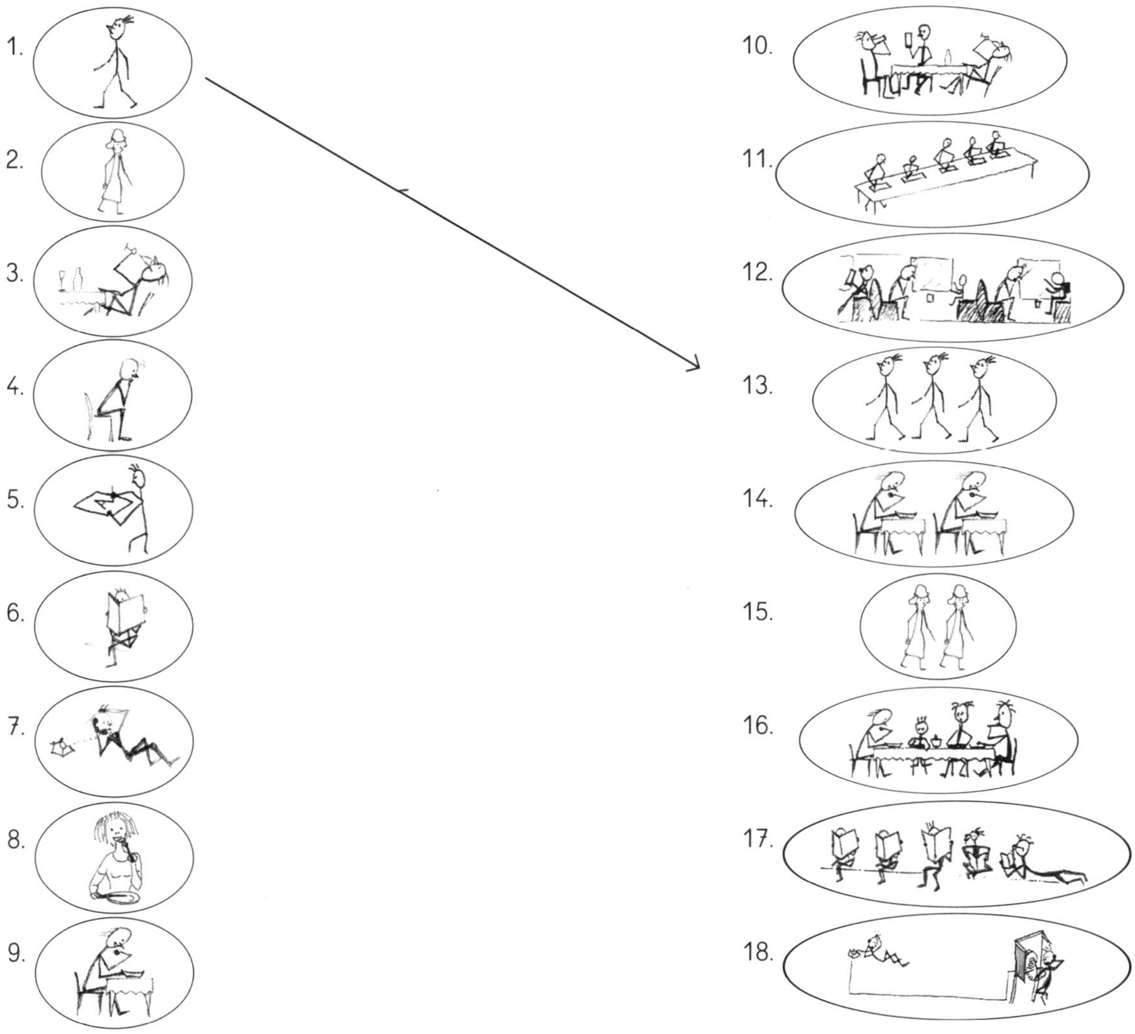

# L 5 Wohin gehen Sie?

1. Lesen Sie genau! Was passt zusammen?

| | |
|---|---|
| Sie gehen. | 1  |
| Sie geht. | 2  |
| Er geht. | 3  |
| Er geht zum Bus. | 4  |
| Sie geht zum Bus. | 5  |
| Sie gehen zum Bus. | 6  |
| Sie geht zur Schule. | 7  |
| Sie gehen zur Schule. | 8  |



2. Und Sie? Wohin gehen Sie?



Wortschatz: Präposition »zu«
Lesen durch Schreiben: LES

# Hat Ali Zeit? L 5

1. Lesen Sie Alis Kalender.

| | |
|---|---|
| Mo | zum Fußball |
| Di | zum Arzt |
| Mi | zur Arbeit |
| Do | zur Schule |
| Fr | frei |
| Sa | zu ALDI |
| So | frei |

2. Antworten Sie mit **ja** oder **nein**.
Schreiben Sie dann, wohin Ali geht.

Hat Ali am Montag Zeit?

Nein, er geht zum Fußball.

Hat Ali am Dienstag Zeit?

Hat Ali am Donnerstag Zeit?

Hat Ali am Freitag Zeit?

3. Antworten Sie.
Wohin geht Ali am Samstag?

An welchem Tag hat Ali Zeit?

Wortschatz: Präposition »zu« (Wh.)
Grammatik: Ja/Nein-Fragen (Wh.)
Lesen durch Schreiben: LES und SCH

# Schreiben Sie!

1. Schreiben Sie zu jedem Bild das passende Wort.
   In jedes Kästchen gehört ein Laut.

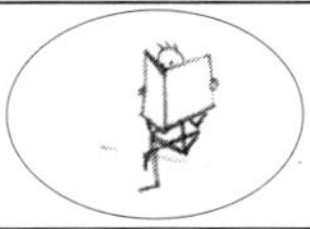

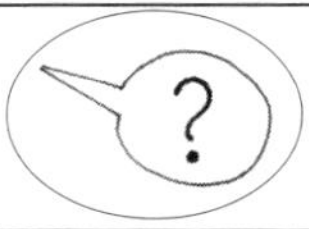


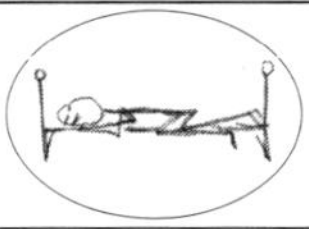

2. Und Sie? Was machen Sie zu Hause?

# Verb-Domino

**L 5**

Spielen Sie Domino (bis zu 3 Personen):
Schneiden Sie die Karten entlang der gestrichelten Linien aus.
Legen Sie abwechselnd das passende Bild zum Verb und sprechen Sie dazu.

fliegen

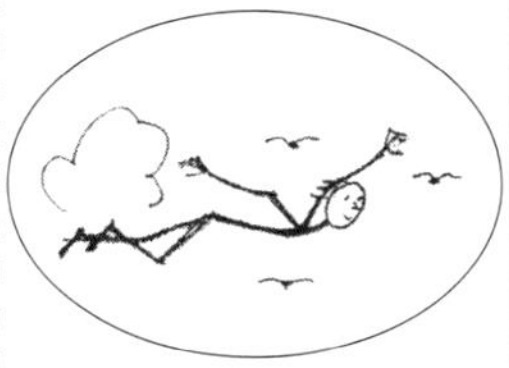

lesen

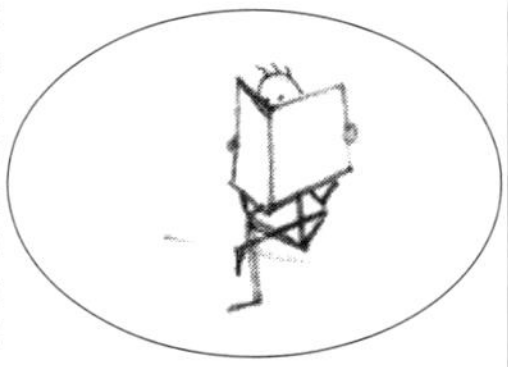

schlafen

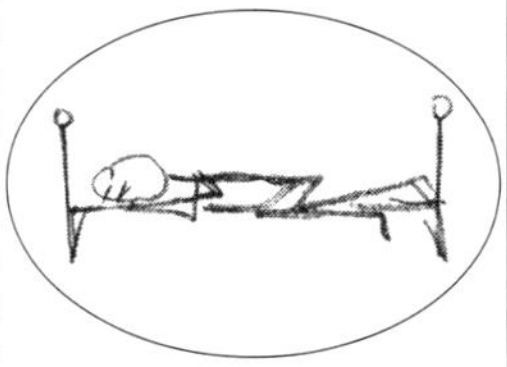

einkaufen

fragen

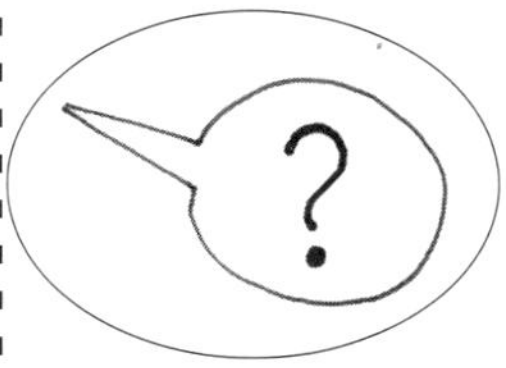


schneiden

sitzen

essen

gehen

laufen

telefonieren

duschen

# Das Verb in der 1. Person — L 5

1. Lesen Sie!
   Was passt zusammen?

| | |
|---|---|
| Ich lese. | ⑥ |
| Ich laufe. | ○ |
| Ich telefoniere. | ○ |
| Ich frage. | ○ |
| Ich gehe. | ○ |
| Ich esse. | ○ |
| Ich schlafe. | ○ |
| Ich schneide. | ○ |
| Ich trinke. | ○ |
| Ich sitze. | ○ |

nach hinten falten für 2.

nach hinten falten für 1.

2. Schreiben Sie einen Satz mit
   **Ich ...**, der zum Bild passt.

| | | |
|---|---|---|
| 1 | 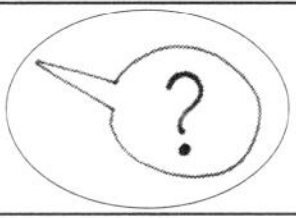 | Ich frage. |
| 2 |  | |
| 3 |  | |
| 4 | 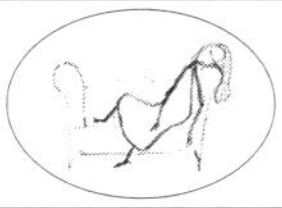 | |
| 5 |  | |
| 6 | 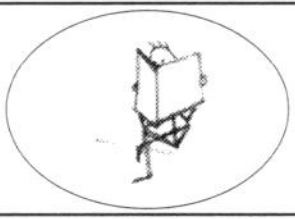 | |
| 7 |  | |
| 8 |  | |
| 9 | 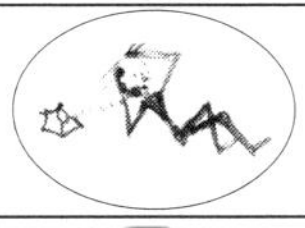 | |
| 10 |  | |

3. Und Sie? Was machen Sie am Sonntag?

# Einkaufen

**Satzklammer**

Ich **möchte** ein ... / eine ... / einen ... **kaufen.**

1. Was möchten Sie kaufen? Sprechen Sie:

| | | |
|---|---|---|
| ein  | ein  | ein  |
| eine  | eine 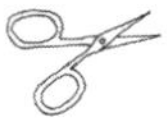 | eine  |
| einen  | einen  | einen  |
| einen  | einen  | einen 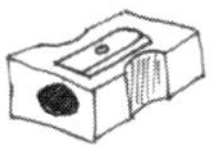 |

2. Schreiben Sie das Wort unter das passende Bild in Aufgabe 1.

| | | | |
|---|---|---|---|
| Kalender | Schere | Anspitzer | Lineal |
| Heft | Füller | Bleistift | Radiergummi |
| Federtasche | Ordner | Papier | |

Wortschatz: Schreibwaren
Grammatik: Modalverb »mögen/möchten«, Satzklammer
Lesen durch Schreiben: LES und WAH/SCH

# L 6 Die Preise

1. Euro oder Cent?

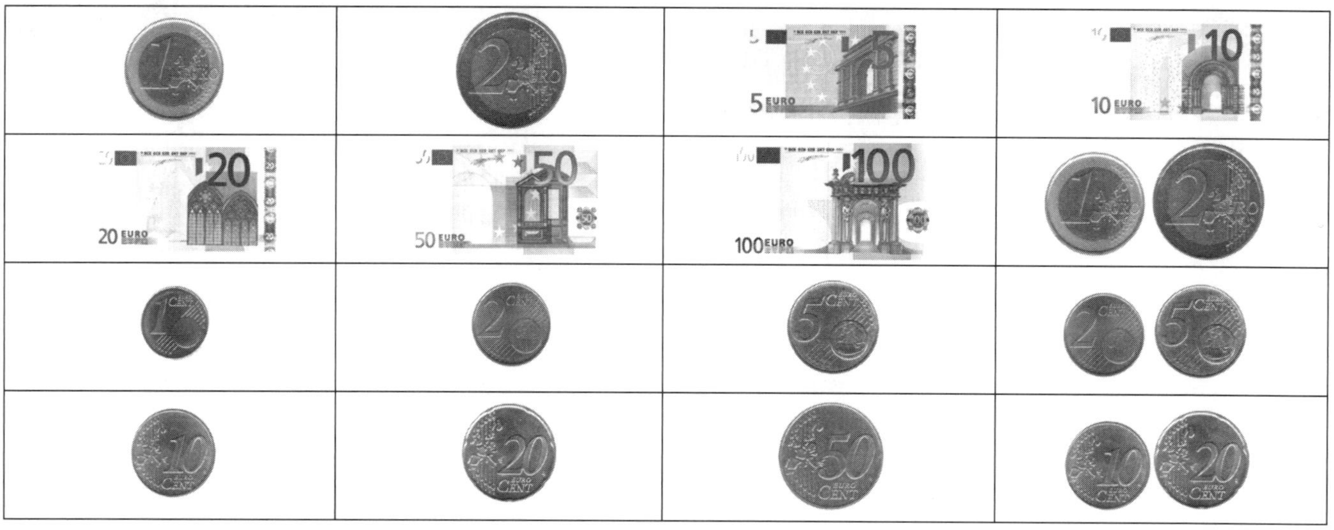

2. Lesen Sie die Preise. Unterstreichen Sie **-zig**.

| | | | | |
|---|---|---|---|---|
| 1,00 € | 2,00 € | 3,00 € | 4,00 € | 5,00 € |
| 10,00 € | 20,00 € | 30,00 € | 40,00 € | 50,00 € |
| 60,00 € | 70,00 € | 80,00 € | 90,00 € | 100,00 € |
| | | | | |
| 31,00 € | 32,00 € | 35,00 € | 38,00 € | 39,00 € |
| 51,00 € | 52,00 € | 55,00 € | 58,00 € | 59,00 € |
| 91,00 € | 92,00 € | 95,00 € | 98,00 € | 99,00 € |

| | | | | |
|---|---|---|---|---|
| 0,01 €<br>ein Cent | 0,05 €<br>fünf Cent | 0,09 €<br>neun Cent | 0,10 €<br>zehn Cent | 0,13 €<br>dreizehn Cent |
| 0,50 €<br>fünfzig<br>Cent | 0,57 €<br>siebenundfünfzig<br>Cent | 0,59 €<br>neunundfünfzig<br>Cent | 0,60 €<br>sechzig<br>Cent | 0,63 €<br>dreiundsechzig<br>Cent |
| | | | | |
| 1,50 €<br>ein Euro<br>fünfzig | 1,60 €<br>ein Euro<br>sechzig | 3,70 €<br>drei Euro<br>siebzig | 7,80 €<br>sieben Euro<br>achtzig | 17,90 €<br>siebzehn Euro<br>neunzig |
| | | | | |
| 2,50 € | 2,60 € | 2,70 € | 2,80 € | 2,90 € |
| 3,45 € | 3,65 € | 13,65 € | 13,70 € | 13,90 € |
| 7,25 € | 8,85 € | 18,05 € | 68,75 € | 89,99 € |



Wortschatz: Preise, Zahlen bis 100
Lesen durch Schreiben: LES

# Die Laute K, Eu und P



1. Arbeiten Sie zuerst mit dem Anlaut-Haus:
   Markieren Sie das K gelb und das k grün; ebenso Eu und eu, P und p.
2. Erst nachmalen, dann in den Linien schreiben!

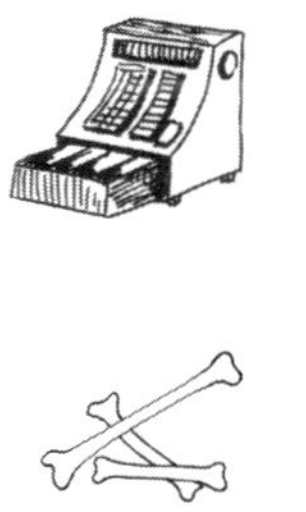

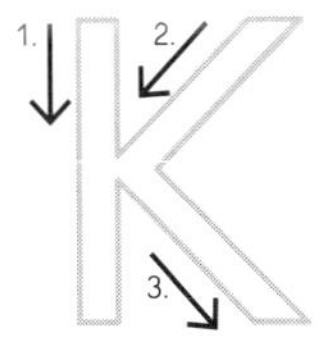


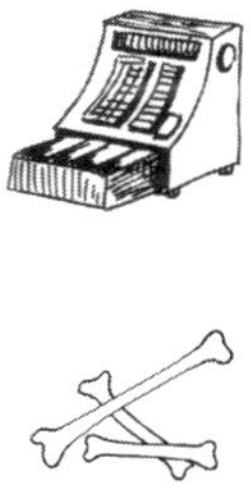

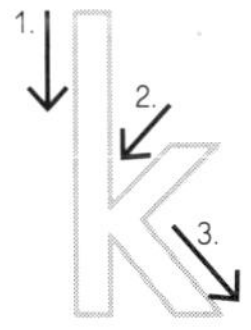


K k

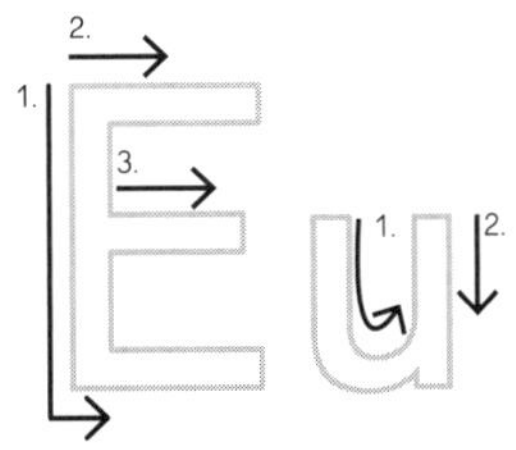

Eu eu

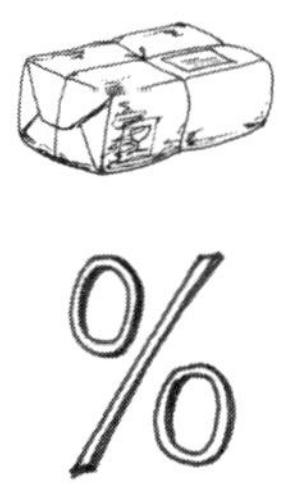

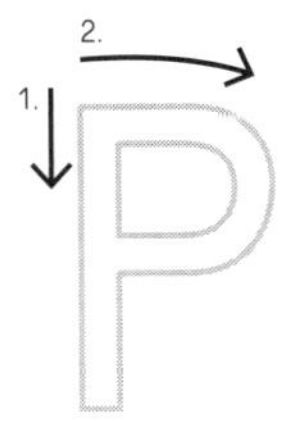


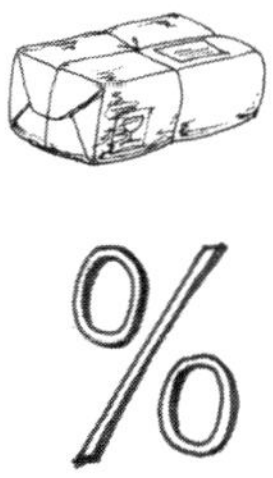

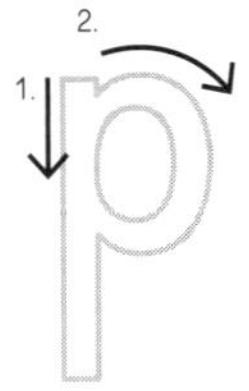


P p

# L 6 Suchen Sie die Buchstaben!

1. Wie viele K und k finden Sie?

   Markieren Sie alle K gelb und k grün. Tragen Sie die Anzahl unten ein.

K K R B V K B G A K R P K K

k r v x k y k g k m n b b k k

klein Korken Rakete Kunde krank Kran Zucker

| | | |
|---|---|---|
|   | K: ______ | k: ______ |

2. Wie viele Eu und eu finden Sie?

   Markieren Sie alle Eu gelb und eu grün. Tragen Sie die Anzahl unten ein.

Eu E Eu F E Ei Eu A Äu Eu Ei E Eu

eu eu ei e a ie eu e e ei eu e eu

Deutschland nein neun England Europa Freund Feuer

| | | |
|---|---|---|
| €  | Eu: ______ | eu: ______ |

3. Wie viele P und p finden Sie?

   Markieren Sie alle P gelb und p grün. Tragen Sie die Anzahl unten ein.

P P B R P R B P P O P B R P P

p p y g a o p b b p p o a g p p

Post Rabe Papa Lage Mappe Papier plus Punkt

| | | |
|---|---|---|
| 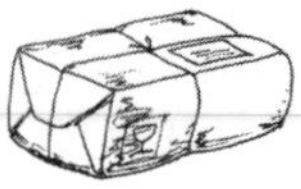 % | P: ______ | p: ______ |

# Hören Sie!

Arbeiten Sie mit allen Lotto-Karten, den Verb-Karten und den Bildkarten (Anhang, bis S. 199). Sprechen Sie zuerst das Wort. Legen Sie die Karte auf das graue Feld, wenn Sie den gleichen Anlaut hören.

1. Welche Wörter haben den Anlaut K?

| | | |
|---|---|---|
|   | K | |

2. Welche Wörter haben den Anlaut Eu?

| | | |
|---|---|---|
| €  | Eu | |

3. Welche Wörter haben den Anlaut P?

| | | |
|---|---|---|
| 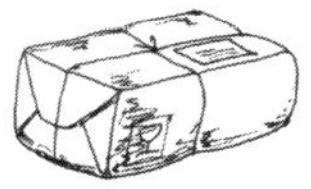 % | P | |

# L 6 Schreiben und lesen Sie!

1. Was passt zusammen?
   Schreiben Sie dann zum Bild passende Buchstaben oder das ganze Wort.

| | | |
|---|---|---|
| R |  | K |
| G |  | |
| K |  | |
| K |  | |
| Eu |  | |
| Eu | 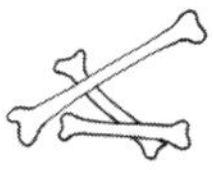 | |
| P |  | |
| P |  | |

2. Lesen Sie!

| | |  eu | |  ei | |  i |
|---|---|---|---|---|---|---|
| 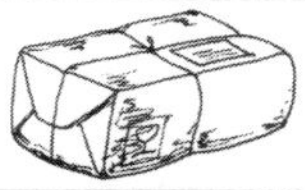 | P | Peu | P | Pei | P | Pi |
|  | K | Keu | K | Kei | K | Ki |
|  | G | Geu | G | Gei | G | Gi |

# Lesen Sie!

1. Arbeiten Sie mit dem Anlaut-Haus. Schreiben Sie den passenden Laut unter das Bild.
2. Ziehen Sie die Laute zusammen und lesen Sie das Wort.
3. Schreiben Sie die passende Bildnummer in das Sechseck.

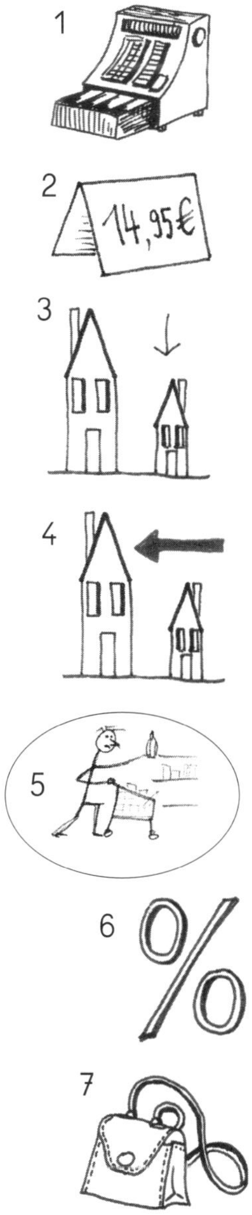


4. Und Sie? Was möchten Sie einkaufen?

# 6 Wie viel kostet das?

| Personalpronomen | | | |
|---|---|---|---|
| Wie viel kostet **der Füller?** | **Er** | kostet | 25,90 €. |
| Wie viel kostet **die Federtasche?** | **Sie** | kostet | 12,95 €. |
| Wie viel kostet **das Heft?** | **Es** | kostet | 1,50 €. |

2. Fragen Sie Ihren Partner.

Wie viel kostet die kleine Federtasche?

Sie kostet 12,95 €

| | |
|---|---|
| die | 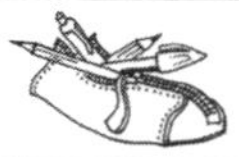 |
| die |  |
| die |  |
| der |  |
| der |  |
| der |  |
| der |  |
| der |  |
| der |  |
| das |  |
| das |  |
| das |  |

| | |
|---|---|
|  | 12,95 € |
|  | 5,00 € |
|  | 4,98 € |
|  | 25,90 € |
|  | 0,45 € |
|  | 0,80 € |
|  | 1,45 € |
|  | 1,20 € |
|  | 2,25 € |
|  | 1,30 € |
|  | 0,95 € |
|  | 1,50 € |

# Das ist zu teuer! L 6

1. Lesen Sie.

t → teu → teue → teuer

b → bi → bil → bill → billi → billig

2. Schreiben Sie zu jedem Gegenstand, ob er teuer oder billig ist.

| | | | |
|---|---|---|---|
|  1,20 € | billig |  1,45 € | |
|  15,00 € | |  17,90 € | |
|  2,50 € | |  1,50 € | |
|  3,95 € | |  1,95 € | |
|  3,95 € | |  8,50 € | |
|  1,00 € | |  1,55 € | |
|  12,95 € | |  10,95 € | |

3. Üben Sie diesen Dialog

Die Federtasche kostet 12,95 €.

Das ist zu teuer!
Haben Sie eine billigere?

Ja, eine zu 10,95 €.

Laut »Eu«
Wortschatz: »teuer, billig«
Lesen durch Schreiben: WAH/SCH

# L 6 Wo hören Sie den Laut K?

1. Hören Sie ein K? Wenn ja, an welcher Stelle?
   Schreiben Sie das K oder k in das richtige Kästchen.

| | am Anfang | in der Mitte | am Ende | kein K/k |
|---|---|---|---|---|
| Beispiel: |  |  |  |  |
| | K — — | — k — | — — k | — — — |

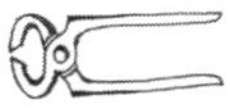  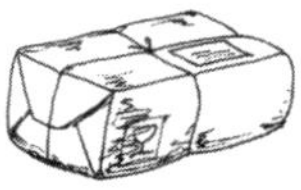 

   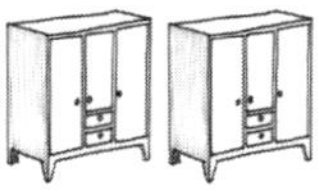

2. Kennen Sie noch mehr Wörter mit dem Laut K ?

# Schreiben Sie! L 6

Schreiben Sie zu jedem Bild das passende Wort.
In jedes Kästchen gehört ein Laut.

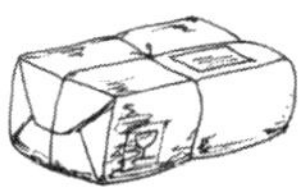

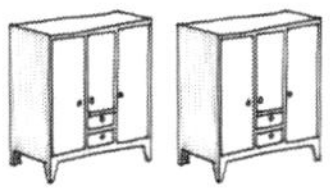

ä

# L 6 Die Verb-Endungen

1. Ergänzen Sie die Tabelle.

| Personalpronomen \ Verben | | kaufen | gehen | schreiben |
|---|---|---|---|---|
| Singular (Einzahl) | ich | kaufe | geh__ | schreib__ |
| | du | kaufst | geh__ | ____________ |
| | er | kauft | geh__ | ____________ |
| Plural (Mehrzahl) | wir | kaufen | geh__ | ____________ |
| | ihr | kauft | geh__ | ____________ |
| | sie | kaufen | geh__ | ____________ |

2. Setzen Sie das richtige Personalpronomen ein.

Du hast eine schöne Federtasche.

_____ kaufe eine neue Schere.

_____ kaufen neue Hefte.

_____ gehen in den Zoo. Kommst _____ mit?

Nein, _____ gehe in die Schule.

Das ist Frau Hase. _____ geht auch in die Schule.

_____ lesen und schreiben in der Schule.

_____ gehe zum Bus.

# Das Verb in der 3. Person



1. Lesen Sie!
   Was passt zusammen?

nach hinten falten für 2.

nach hinten falten für 1.

2. Schreiben Sie einen Satz, der zum Bild passt. Achten Sie dabei auf Singular und Plural.

| Satz | | Nr. | Bild | Satz |
|---|---|---|---|---|
| Er kauft ein. | ⑥ | 1 |  | Sie gehen. |
| Sie laufen. | ○ | 2 |  | |
| Sie warten. | ○ | 3 |  | |
| Er geht. | ○ | 4 |  | |
| Sie geht. | ○ | 5 |  | |
| Sie gehen. | ○ | 6 |  | |
| Er sitzt und wartet. | ○ | 7 |  | |
| Sie sitzen. | ○ | 8 |  | |
| Sie trinken | ○ | 9 |  | |
| Er trinkt. | ○ | 10 |  | |

4. Und Sie? Warten Sie auch?

# Was fehlt?

**L 6**

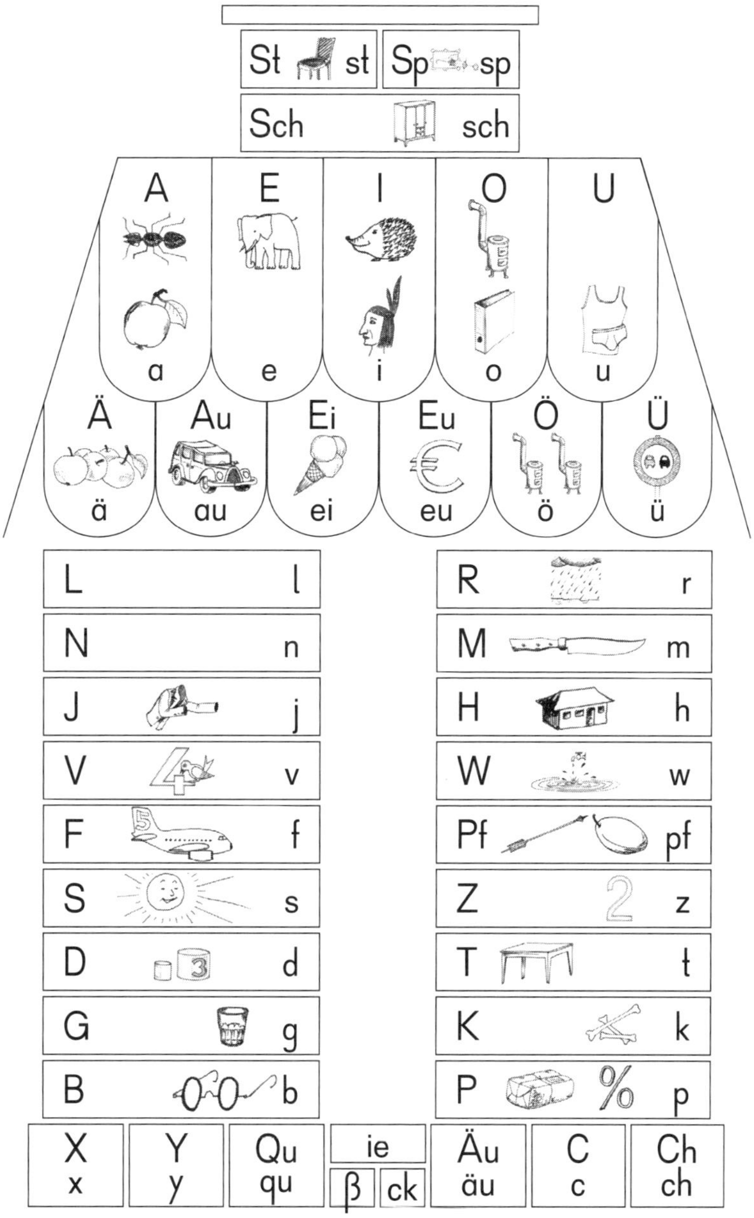


Sehen Sie sich das Anlaut-Haus genau an. Welche Bilder fehlen?
Schreiben Sie auf, was fehlt. Es sind Wörter mit dem Artikel die.

die Ente ____________

___ ____________ ___ ____________

___ ____________ ___ ____________

___ ____________ ___ ____________

___ ____________ ___ ____________

___ ____________ ___ ____________

___ ____________

Anlaut-Haus
Grammatik: Artikel »die«
Lesen durch Schreiben: SCH

# L 6 Lesen Sie die Sätze!

1. Schreiben Sie die Bildnummer zu dem passenden Satz.

| Satz | Bildnummer |
|---|---|
| Das sind drei Scheren. | [illegible] |
| Das ist eine kleine Schere. | 8 |
| Das sind zwei kleine Scheren. | 7 |
| Die Schere kostet 4,95 €. | |
| Die Scheren kosten 4,95 €. | 6 |
| Die Lineale kosten 3,00 €. | 9 |
| Das Lineal kostet 3,00 €. | 10 |
| Das ist ein Kalender. | 1 |
| Die Kalender sind teuer. | 2 |
| Wie viel Euro kostet das? | 11 |
| Das ist ein Paket. | 4 |
| Das sind elf Pakete. | |
| Das sind neun Pakete. | 5 |

| Nr. | Preis | Bild |
|---|---|---|
| 1 | |  |
| 2 | 3,50 € |  |
| 3 | 2,95 € |  |
| 4 | | 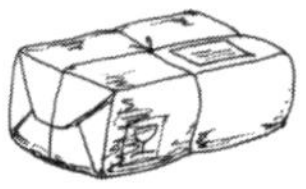 |
| 5 | | 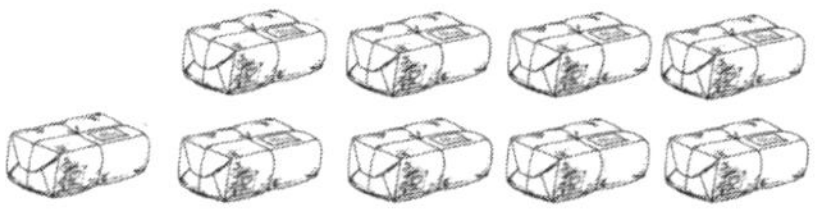 |
| 6 | 4,95 € |  |
| 7 | |  |
| 8 | | 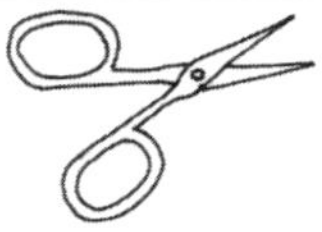 |
| 9 | 3,00 € |  |
| 10 | 3,00 € | 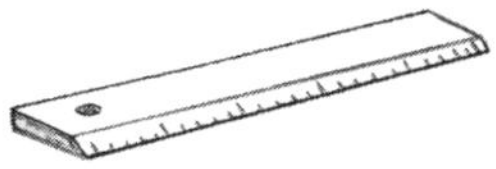 |
| 11 | | 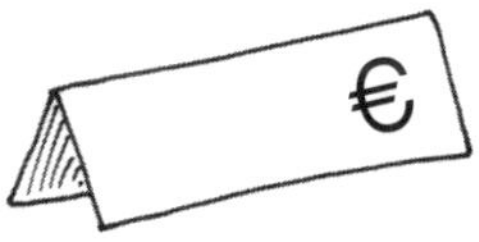 |

2. Markieren Sie Eu/eu.
Wie viele Wörter mit Eu/eu finden Sie? ____

Laut »Eu«
Grammatik: Konjugation (Wh.)
Lesen durch Schreiben: LES

# Wie viel kostet das?

**L 6**

A: Einige Preise fehlen. Fragen Sie Ihren Partner.

# Wie viel kostet das?

B: Einige Preise fehlen. Fragen Sie Ihren Partner.

Wortschatz: Schreibwaren und Preise
Grammatik: Personalpronomen »er, sie, es« (Wh.)
Lesen durch Schreiben: LES/HÖR/SCH

# Das Frühstück



1. Beschreiben Sie den Frühstückstisch.

2. Fragen und antworten Sie.

Was möchten Sie essen?

Ich möchte ein  mit  essen.

Ich möchte ein  mit  essen.

Ich möchte ein  mit  essen.

3. Und Sie? Was möchten Sie essen?

# L 7 Was möchten Sie trinken?

1. Antworten Sie Ihrem Partner.

Ich möchte

mit/ohne

2. Und Sie? Was möchten Sie trinken?



Wortschatz: »mit, ohne«
Grammatik: Modalverb »mögen/möchten« (Wh.)

# Die Laute B, O und M

1. Arbeiten Sie zuerst mit dem Anlaut-Haus:
   Markieren Sie das B gelb und das b grün; ebenso O und o, M und m.
2. Erst nachmalen, dann in den Linien schreiben!

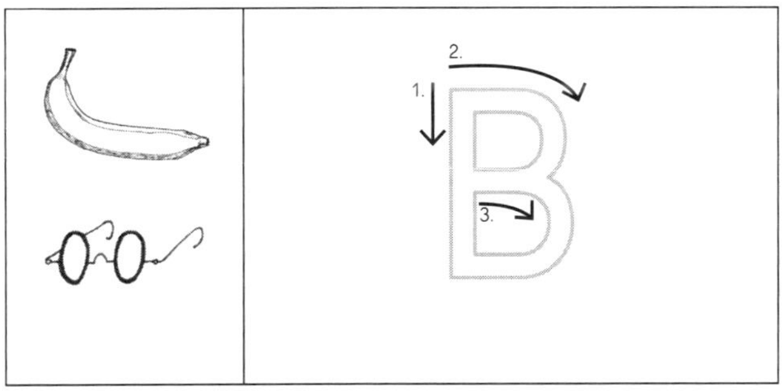


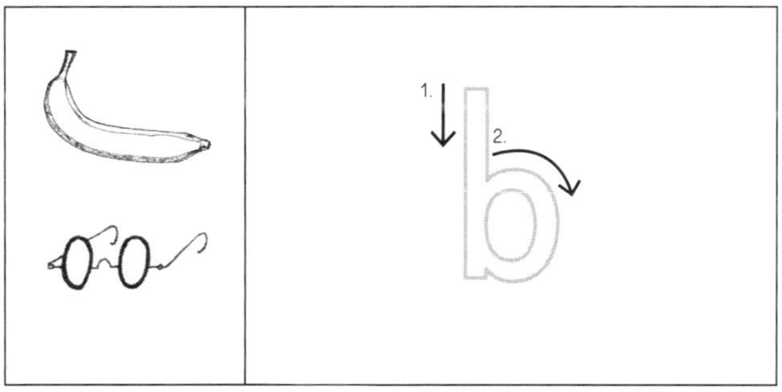


B

b

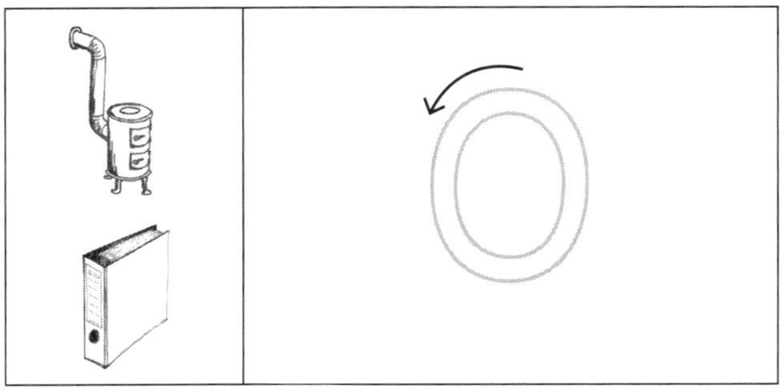

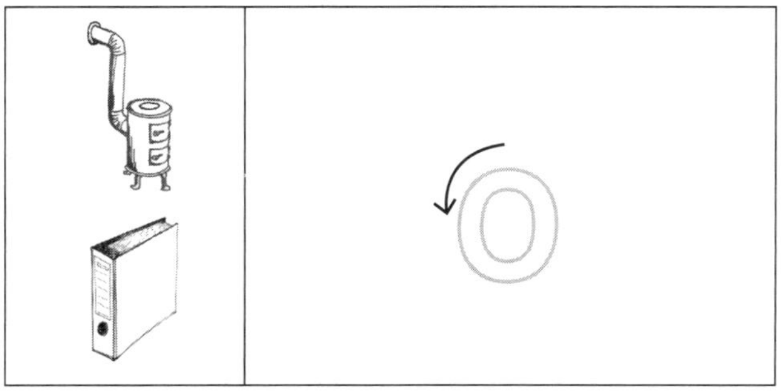

O

o

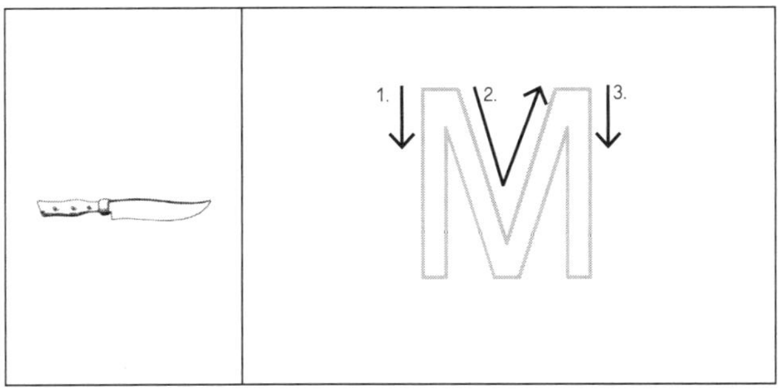


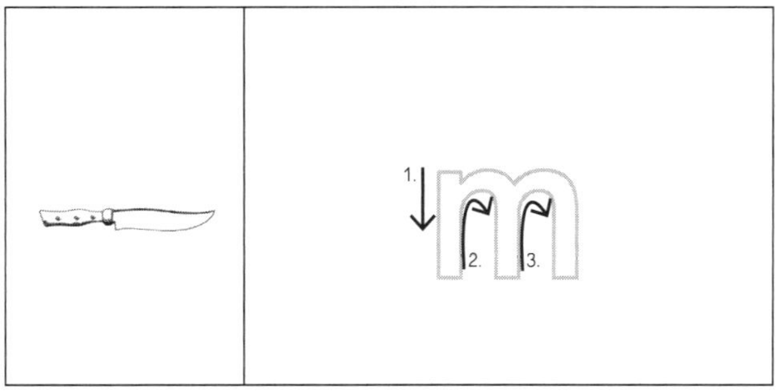


M

m

# L 7 Suchen Sie die Buchstaben!

1. Wie viele B und b finden Sie?

   Markieren Sie alle B gelb und b grün. Tragen Sie die Anzahl unten ein.

(B) B P B O K B R P B D B P B

b p d a o b d a p o b h o b b

blau das Baum Polen Kabel Hamburg Ball halb

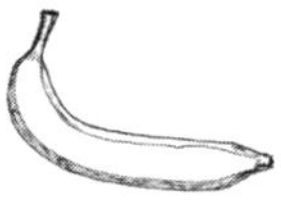 

B: ______ b: ______

2. Wie viele O und o finden Sie?

   Markieren Sie alle O gelb und o grün. Tragen Sie die Anzahl unten ein.

(O) O A V U O O A Äu Eu O A O

o u a o a p g a o u eu o au o

Oma Lotto Monat Boot Opa Osten Euro Europa

O: ______ o: ______

3. Wie viele M und m finden Sie?

   Markieren Sie alle M gelb und m grün. Tragen Sie die Anzahl unten ein.

(M) M N V U N M W V A M N M

m m n o a u n m v w v m n m

um Mutter Nase Lampe Mann zum Zimmer Monat

M: ______ m: ______

# Hören Sie!



Arbeiten Sie mit allen Lotto-Karten, den Verb-Karten und den Bildkarten (Anhang, bis S. 199). Sprechen Sie zuerst das Wort. Legen Sie die Karte auf das graue Feld, wenn Sie den gleichen Anlaut hören.

1. Welche Wörter haben den Anlaut B?

| | | |
|---|---|---|
| 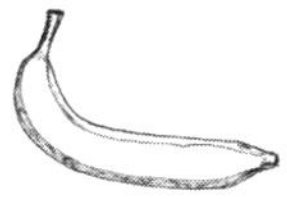  | B | |

2. Welche Wörter haben den Anlaut O?

| | | |
|---|---|---|
|   | O | |

3. Welche Wörter haben den Anlaut M?

| | | |
|---|---|---|
|  | M | |

# L 7 Schreiben und lesen Sie!

1. Was passt zusammen?
   Schreiben Sie dann zum Bild passende Buchstaben oder das ganze Wort.

| | | |
|---|---|---|
| O | 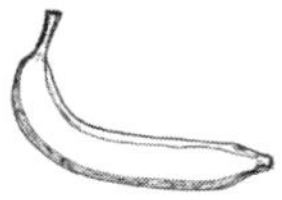 | |
| O |  | O |
| U |  | |
| P |  | |
| M |  | |
| N |  | |
| B |  | |
| B |  | |

2. Lesen Sie!

| | |  u | |  o | |  o |
|---|---|---|---|---|---|---|
| 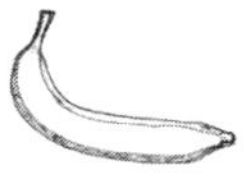 | B | Bu | B | Bo | B | Bo |
| 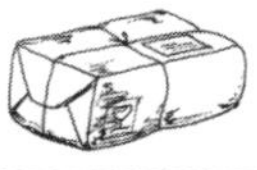 | P | Pu | P | Po | P | Po |
|  | M | Mu | M | Mo | M | Mo |

# Der Obstkorb

1. Üben Sie:

| | | | | |
|---|---|---|---|---|
| die  | → | die  | -n |
| die  | → | die  | -n |
| die  | → | die  | -n |
| die  | → | die  | -n |
| die  | → | die 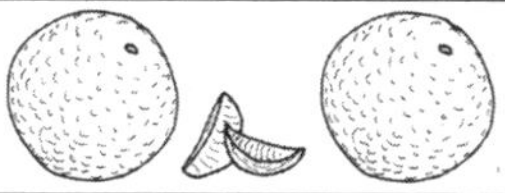 | -n |
| die  | → | die  | -n |
| die  | → | die 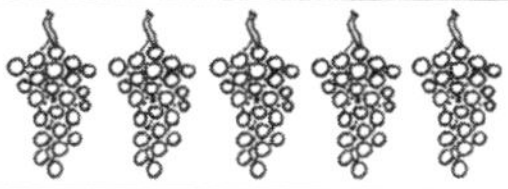 | -n |
| die  | → | die  | -n |

| | | |
|---|---|---|
| der  | → | die  |

2. Sprechen Sie:

Im Obstkorb sind  .
Im Obstkorb sind .............. .

# Ein Obstsalat

1. Erzählen Sie, wie Sie einen Obstsalat machen.

## Das Rezept

Man braucht ... .

2. Lesen Sie das Rezept.
   Schreiben Sie die passende Bildnummer in das Sechseck.

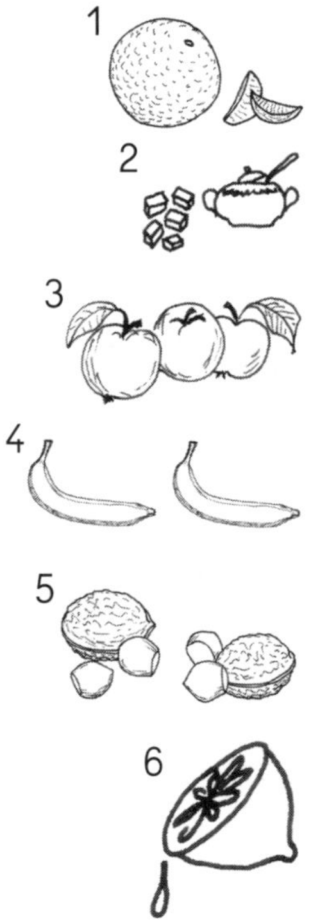


Man braucht drei Äpfel.

Man braucht zwei Bananen.

Man braucht ein paar Nüsse.

Man braucht eine Orange.

Man braucht etwas Zitrone.

Man braucht Rosinen.

Man braucht etwas Zucker.

3. Und Sie? Was brauchen Sie für einen Obstsalat?

# Wo hören Sie den Laut B?

1. Hören Sie ein B? Wenn ja, an welcher Stelle?
   Schreiben Sie das B oder b in das richtige Kästchen.

| | am Anfang | in der Mitte | am Ende | kein B/b |
|---|---|---|---|---|
| Beispiel: |  |  |  |  |
| | B — — | — b — | — — b | — — — |

| | | | |
|---|---|---|---|
|  |  | 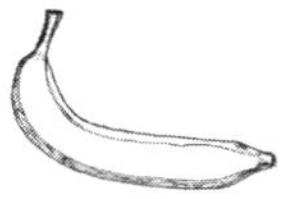 | 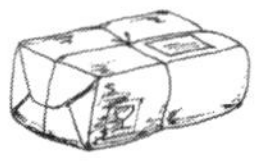 |
|  | 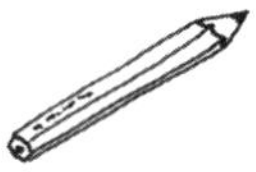 |  |  |
|  |  |  |  |
|  |  |  |  |

2. Kennen Sie noch mehr Wörter mit dem Laut B?

# L 7 Schreiben Sie!

Schreiben Sie zu jedem Bild das passende Wort.
In jedes Kästchen gehört ein Laut.

Grammatik: Pluralendung »-n« (Wh.)
Lesen durch Schreiben: SCH

# Nomen-Domino, Teil 1

**L 7**

1. Markieren Sie alle M/m. Wie viele Wörter mit M/m finden Sie?
2. Spielen Sie jetzt Domino (bis zu 3 Personen, Anleitung S. 127):

| | |
|---|---|
|  | der Mann |
| 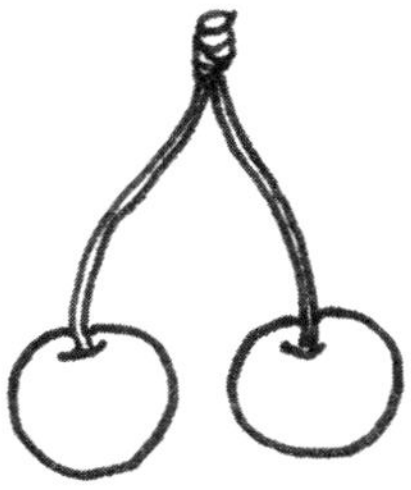 | die Frau |
|  | das Kind |
| 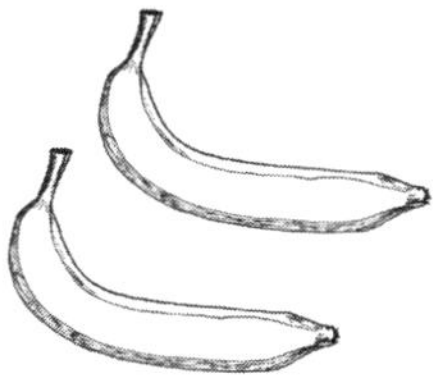 | die Kinder |
| 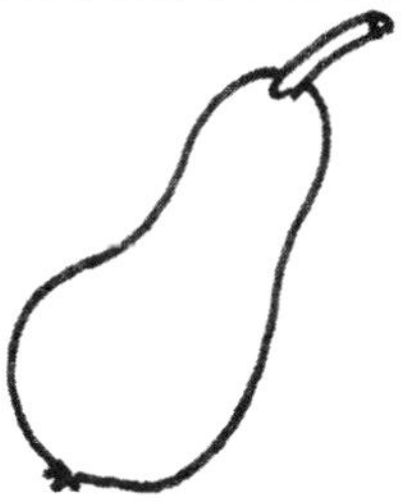 | die Oma |
| 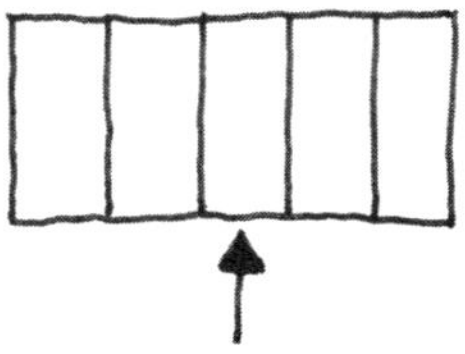 | der Opa |

| | |
|---|---|
|  | der Baum |
|  | das Mädchen |
|  | die Mitte |
|  | der Magnet |
|  | das Messer |
|  | die Kirsche |

Laut »M«
Wortschatz: Personen und Obst
Lesen durch Schreiben: WAH und LES

# Nomen-Domino, Teil 2



Schneiden Sie die Karten (S. 125 und S. 127) entlang der gestrichelten Linien aus. Legen Sie abwechselnd zum Nomen das passende Bild und sprechen Sie dazu.

die Birne

der Apfel

die Banane

der Kuchen

die Zitrone

der Korb

die Bananen

die Äpfel

die Kirschen

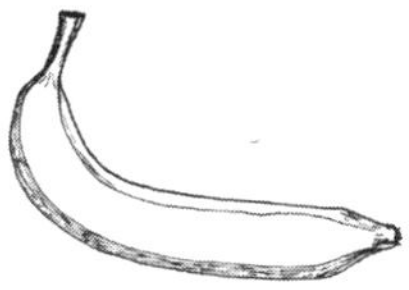

das Brot

die Butter

die Erdbeere

# Lesen Sie!

**L 7**

1. Arbeiten Sie mit dem Anlaut-Haus. Schreiben Sie den passenden Laut unter das Bild.
2. Ziehen Sie die Laute zusammen und lesen Sie das Wort.
3. Schreiben Sie die passende Bildnummer in das Sechseck.

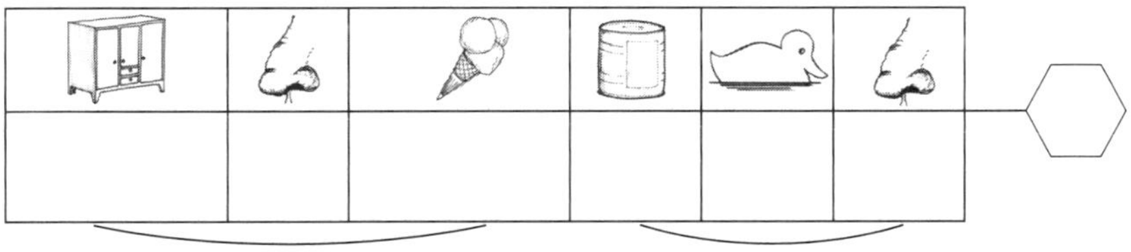

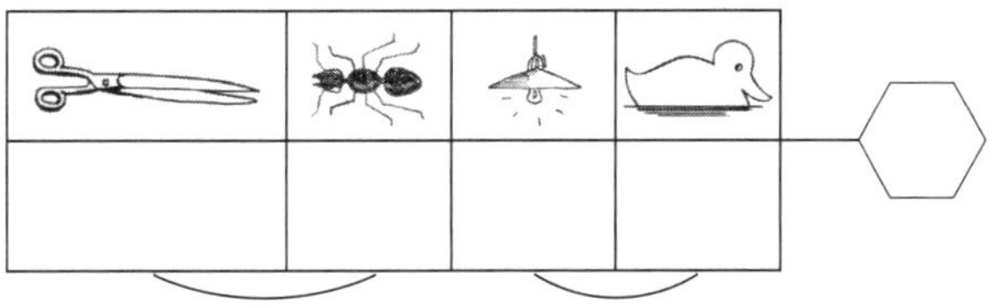

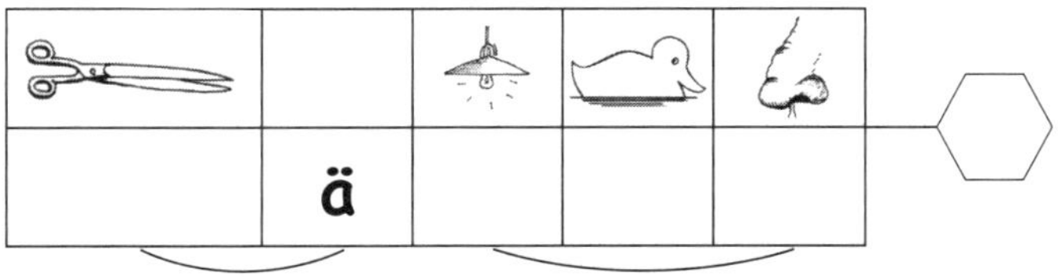


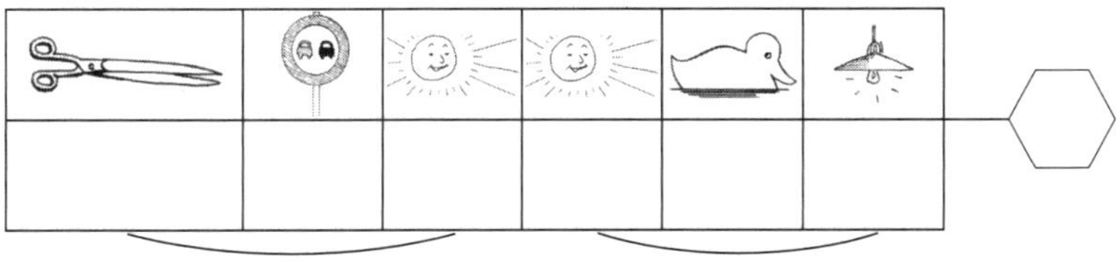

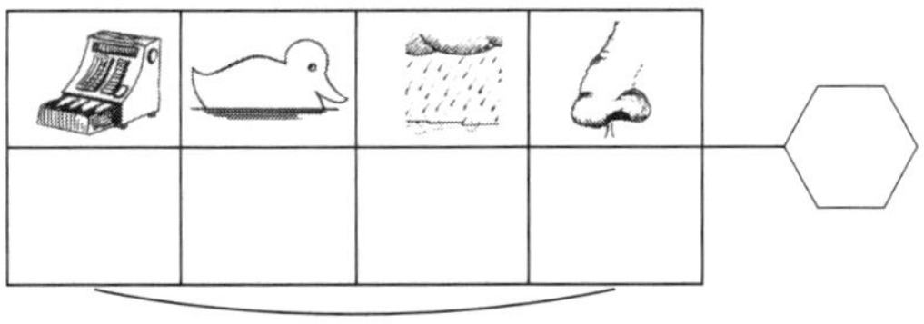

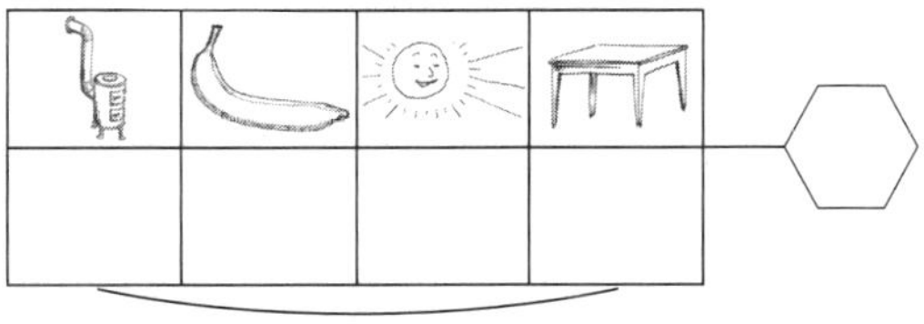

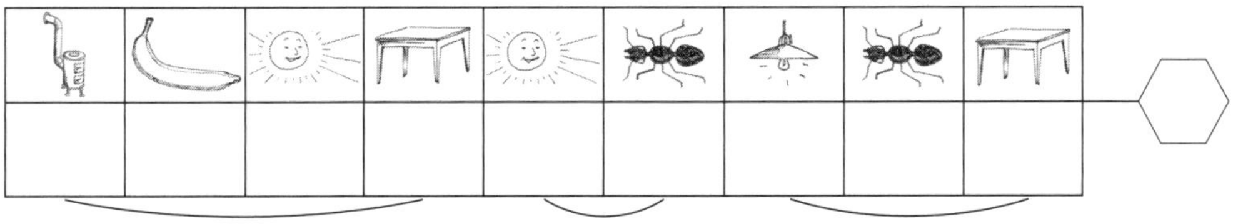

1

2

3

5

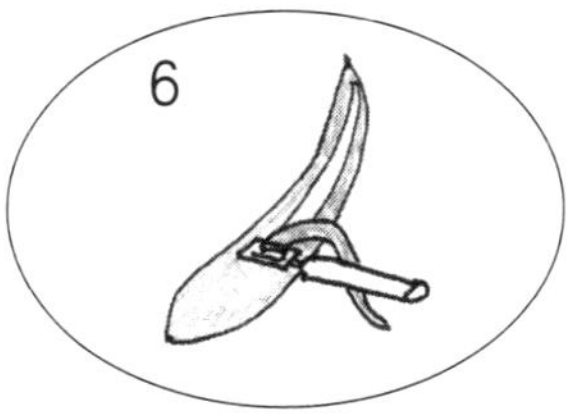


7

4. Und Sie? Welches Obst essen Sie gern?

Anlaut-Haus
Wortschatz: Obstsalat
Lesen durch Schreiben: HÖR und SCH und LES

# Der Apfel

der Baum

der Ast

das Blatt

der Apfel

der Stiel

der Kern

die Schale

1. Beschriften Sie den Apfel.
   Schreiben Sie die Begriffe von oben ab.

2. Und Sie? Essen Sie auch gern Äpfel?

# Das Nomen L 7

**Nomen (Substantive)**

- ➡ sind **Namen** für Personen, Tiere, Pflanzen und Dinge
- ➡ haben einen **Artikel** (der, die, das)
- ➡ Nomen schreibt man **groß**.

1. Welches der vier Nomen passt nicht?
   Schreiben Sie das nicht passende Nomen mit Artikel auf.

der Mann

2. Lesen Sie. Unterstreichen Sie die Nomen.

| | | | | | | | | |
|---|---|---|---|---|---|---|---|---|
| Baum | Apfel | gehen | Elefant | Eis | essen | zu | Oma | Schere |
| der | Bus | Messer | mit | Zoo | schlafen | Tisch | trinken | Blatt |
| Kinder | die | Ameise | im | Ente | kosten | Kern | Hamburg | Frau |

# Der Baum

1. Welches Bild passt?

der Apfelbaum der Apfelsaft das Apfelmus der Apfelkuchen

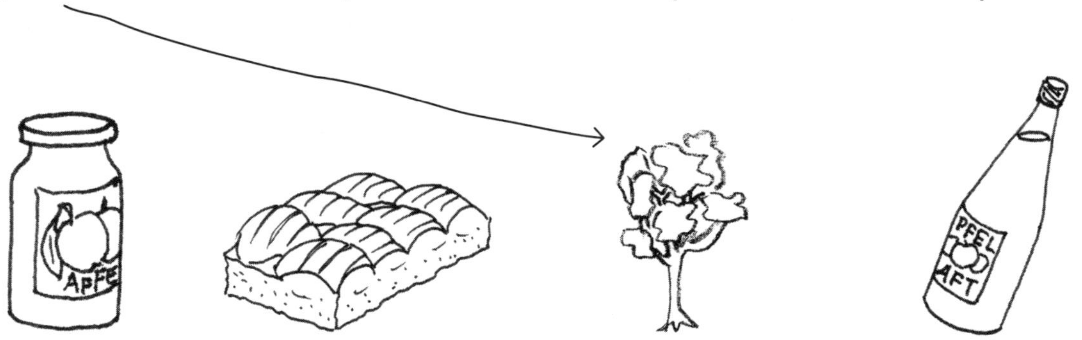


2. Wie heißt der Baum?

| | | |
|---|---|---|
|  ____________ |  ____________ |  ____________ |
|  ____________ |  ____________ |  ____________ |

3. Schreiben Sie unter jeden Baum von Aufgabe 2 den passenden Namen.

| | | |
|---|---|---|
| der Baum | der Kirschbaum | der Apfelbaum |
| der Birnbaum | der Pflaumenbaum | der Nussbaum |



Wortschatz: Zusammengesetzte Nomen
Lesen durch Schreiben: LES und WAH/SCH

# Zusammengesetzte Nomen



## Zusammengesetzte Nomen + Artikel

| | | |
|---|---|---|
| der Kuchen | die Kanne | das Messer |
| der Butterkuchen | die Teekanne | das Obstmesser |

1. Was ist was? Schreiben Sie die Bildnummer zu dem passenden Wort.

- die Eier
- der Eierkuchen
- die Kirschen
- der Kirschkuchen
- der Apfelkuchen
- der Apfelsaft
- der Kirschsaft
- der Orangensaft
- das Messer
- das Brotmesser
- die Kaffeekanne
- die Teekanne
- der Kuchenteller

2. Und Sie? Welchen Saft oder Kuchen mögen Sie besonders gern?

## Apfelmus

Man braucht 4 Äpfel. 5

Man braucht etwas Zucker.

Man schält die Äpfel.

Man schneidet die Kerne aus.

Man schneidet die Äpfel klein.

Man kocht die Apfelstücke zu Brei.

1 

2 

3 

4 

5 

6 

## Eierkuchen

Rezept für vier Personen

Man braucht 1/8 l Milch.

Man braucht 1/8 l Wasser.

Man braucht 2 Eier.

Man braucht 100 g Mehl.

Man braucht eine Prise Salz.

Man verrührt alles in einer Schüssel.

Man braucht Butter zum Backen.

Man backt die Eierkuchen in einer Pfanne.

Eierkuchen mit Zucker.

Eierkuchen mit Apfelmus.

7 

8 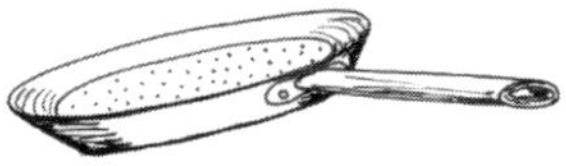

9 

10 

11 

12 

13 

14 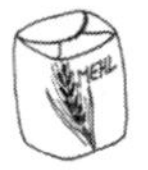

15 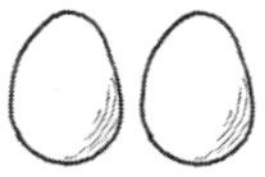

16 

17 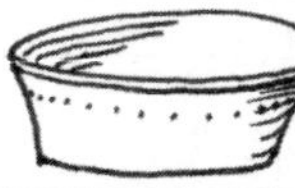

# Das Jahr



Tragen Sie die Jahreszeiten in den Jahreskreis ein.

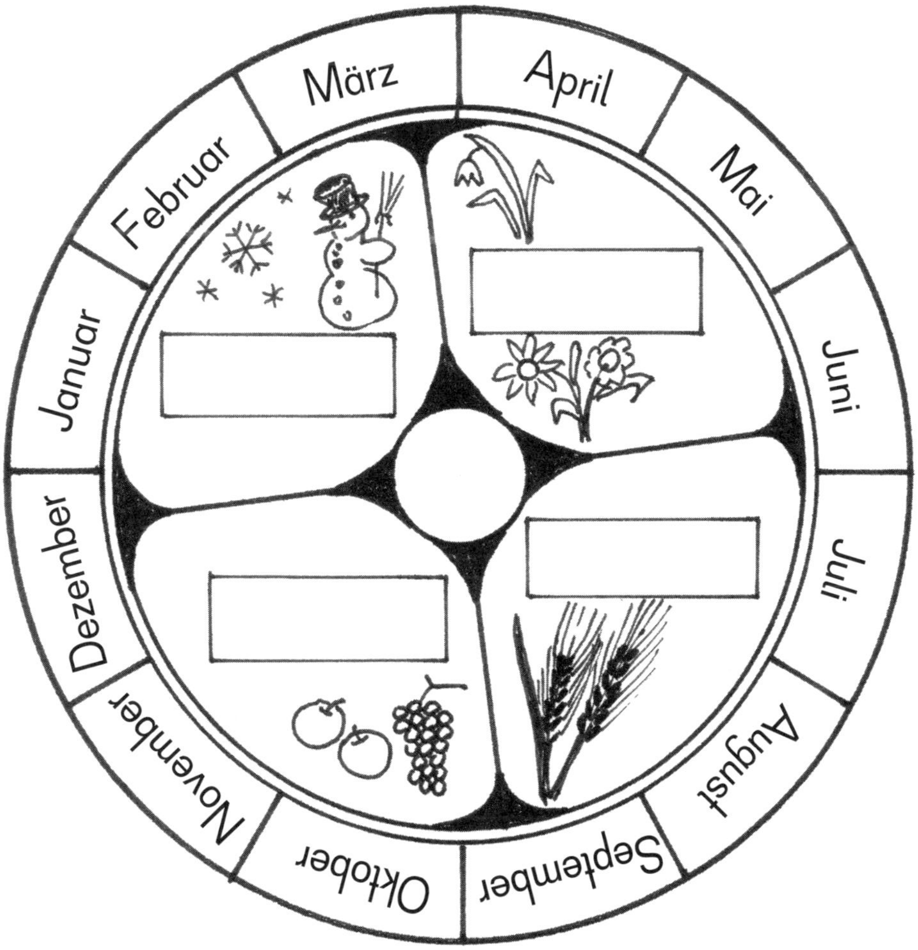


| | ein Monat | | | | |
|---|---|---|---|---|---|
| Mo | | 3 | 10 | 17 | 24 |
| Di | | 4 | 11 | 18 | 25 |
| Mi | | 5 | 12 | 19 | 26 |
| Do | | 6 | 13 | 20 | 27 |
| Fr | | 7 | 14 | 21 | 28 |
| Sa | 1 | 8 | 15 | 22 | 29 |
| So | 2 | 9 | 16 | 23 | 30 |

Die 4 Jahreszeiten:
der Frühling
der Sommer
der Herbst
der Winter

## Zahlen zum Jahr

Das Jahr hat 4 Jahreszeiten.

Das Jahr hat 12 Monate.

Ein Monat hat 30 oder 31 Tage. Ausnahme: der Februar

Das Jahr hat 52 Wochen.

Die Woche hat 7 Tage.

# L 8 Das Jahr und seine Monate

1. Tragen Sie die fehlenden Monate ein.

2. Und Sie? Welchen Monat mögen Sie gerne?

3. Und Sie? Welche Jahreszeit mögen Sie gerne?

# Die Laute W, Au und J

**L 8**

1. Arbeiten Sie zuerst mit dem Anlaut-Haus:
   Markieren Sie das W gelb und das w grün; ebenso Au und au, J und j.
2. Erst nachmalen, dann in den Linien schreiben!

W

w

W

w

Au

au

Au

au

J

j

J

j

# L 8 Suchen Sie die Buchstaben!

1. Wie viele W und w finden Sie?

   Markieren Sie alle W gelb und w grün. Tragen Sie die Anzahl unten ein.

(W) W V V O K M V U W M A W

w v y w m n w r o m u n w v w

Welt viel wie Möwe Woche Vater wir Winter

W: ______ w: ______

2. Wie viele Au und au finden Sie?

   Markieren Sie alle Au gelb und au grün. Tragen Sie die Anzahl unten ein.

(Au) A Au Ä Äu Eu Ei A Au U A Au

au eu ei a u au a ei au au u eu au

Ausverkauf! Brauchen Sie etwas? Dann kaufen Sie es jetzt.

Au: ______ au: ______

3. Wie viele J und j finden Sie?

   Markieren Sie alle J gelb und j grün. Tragen Sie die Anzahl unten ein.

(J) U I L Y J U J j i ei y g ie j

Das Jahr und seine Monate: Januar, Februar, März, April, Mai
Juni, Juli, August, September, Oktober, November, Dezember
Welchen Monat haben wir? Welche Jahreszeit haben wir?

J: ______ j: ______

# Hören Sie! L 8

Arbeiten Sie mit allen Lotto-Karten, den Verb-Karten und den Bildkarten (Anhang, bis S. 201). Sprechen Sie zuerst das Wort. Legen Sie die Karte auf das graue Feld, wenn Sie den gleichen Anlaut hören.

1. Welche Wörter haben den Anlaut W?

| | | |
|---|---|---|
|  | W | |

2. Welche Wörter haben den Anlaut Au?

| | | |
|---|---|---|
|  | Au | |

3. Welche Wörter haben den Anlaut J?

| | | |
|---|---|---|
|  | J | |

# L 8 Schreiben und lesen Sie!

1. Was passt zusammen?
   Schreiben Sie dann zum Bild passende Buchstaben oder das ganze Wort.

| | | |
|---|---|---|
| B |  | |
| I | 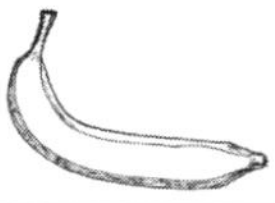 | B |
| J | 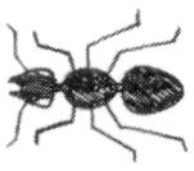 | |
| W |  | |
| U |  | |
| A |  | |
| Au |  | |
| O |  | |

2. Lesen Sie!

| | |  a | |  au | |  u |
|---|---|---|---|---|---|---|
|  | W | Wa | W | Wau | W | Wu |
|  | J | Ja | J | Jau | J | Ju |
|  | B | Ba | B | Bau | B | Bu |

# Sommerschlussverkauf



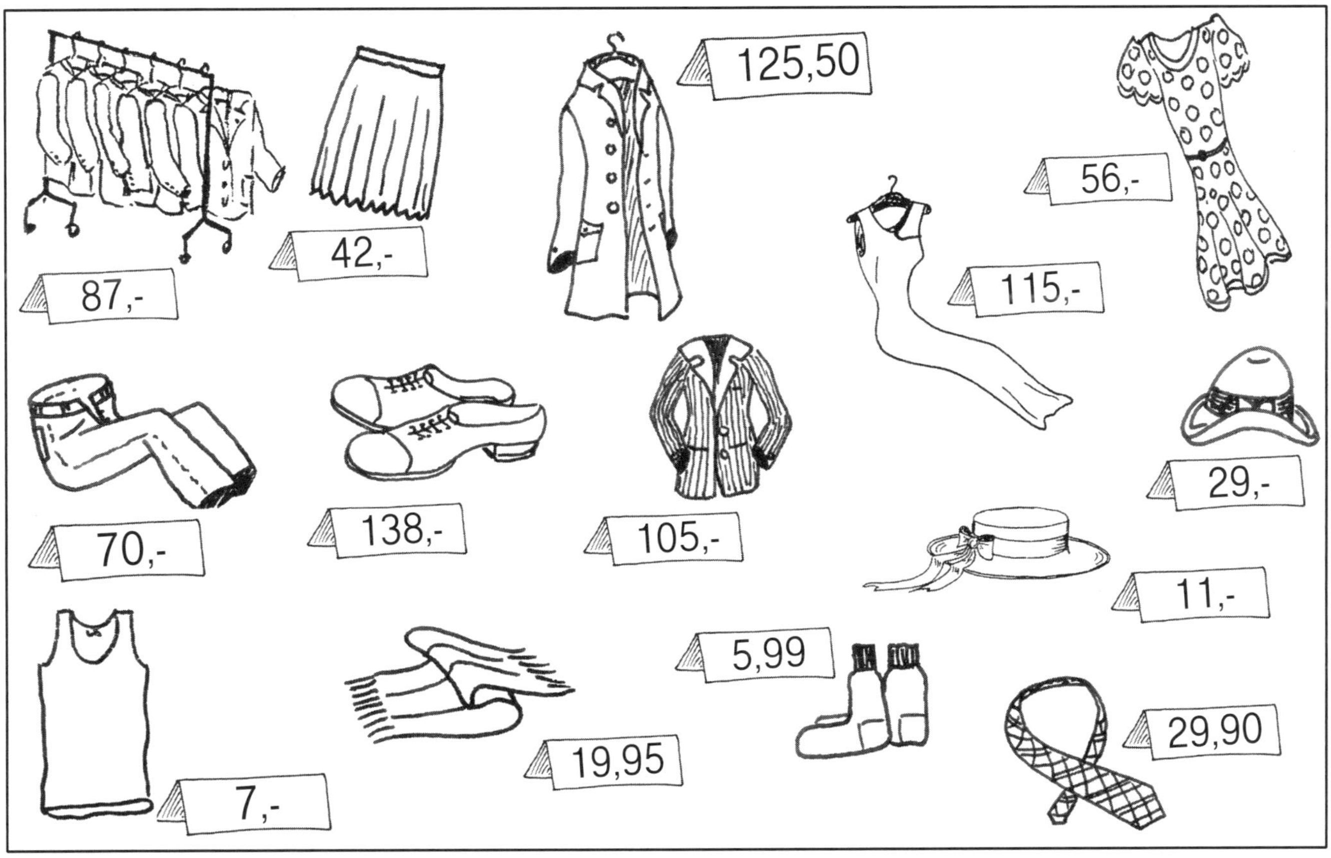


1. Schreiben Sie die Preise zu den Kleidungsstücken.

Der Rock kostet 42,- € .

Der Mantel kostet ____________ .

Der Schal kostet ____________ .

Der Hut ohne Schleife kostet ____________ .

Die Hose kostet ____________ .

Die gestreifte Jacke kostet ____________ .

Das lange Kleid kostet ____________ .

2. Üben Sie mit Ihrem Partner dieses Gespräch.

Ich brauche einen neuen Rock.
Wie viel kostet der Rock?

Er kostet 42 €.

# L 8 Die Kleidung

**Artikel**

Einzahl/Singular

der
die
das

Mehrzahl/Plural

die

1. Üben Sie:

| | | |
|---|---|---|
| die  | → | die 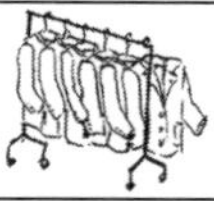 |
| der  | → | die  |
| der  | → | die  |
| der 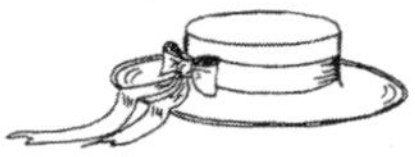 | → | die  |
| der  | → | die 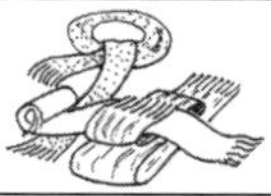 |
| der  | → | die  |
| das  | → | die 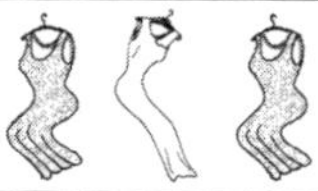 |
| das  | → | die  |
| die  | → | die  |

2. Und Sie? Brauchen Sie auch ein neues Kleidungsstück?



Wortschatz: Kleidung
Grammatik: Plural

# Lesen Sie!

1. Arbeiten Sie mit dem Anlaut-Haus. Schreiben Sie den passenden Laut unter das Bild.
2. Ziehen Sie die Laute zusammen und lesen Sie das Wort.
3. Schreiben Sie die passende Bildnummer in das Sechseck.

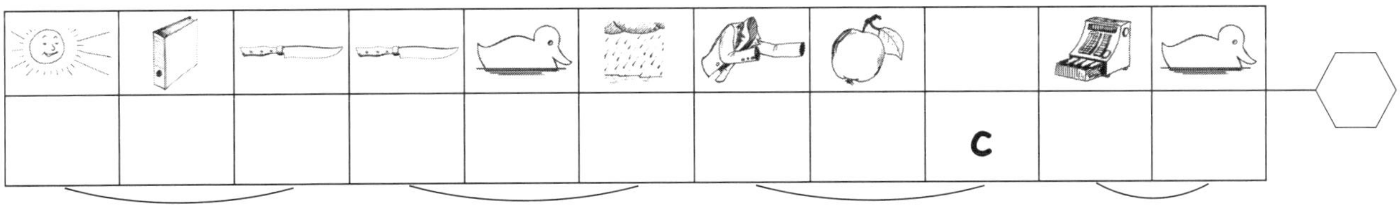


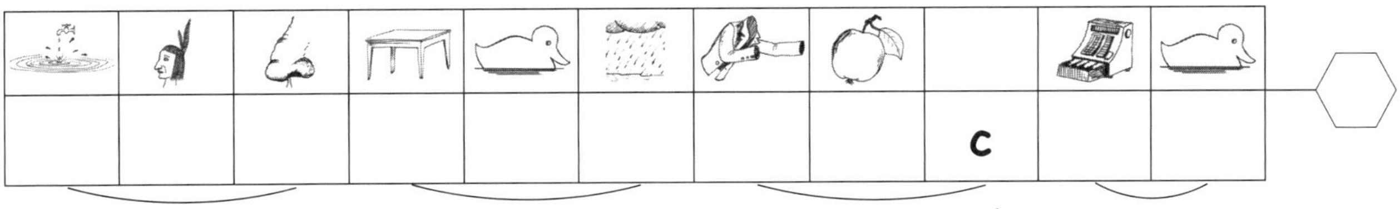

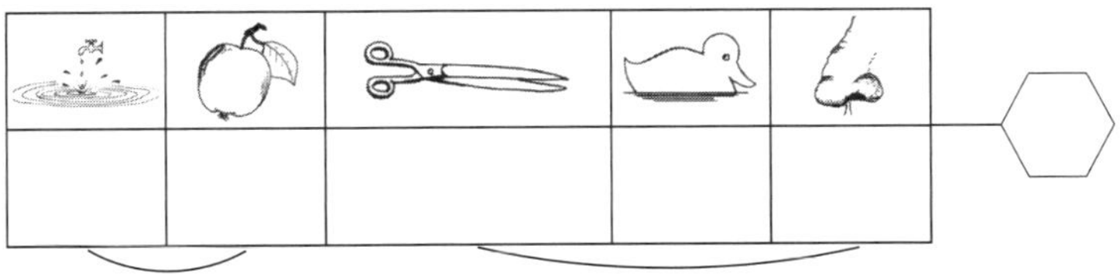

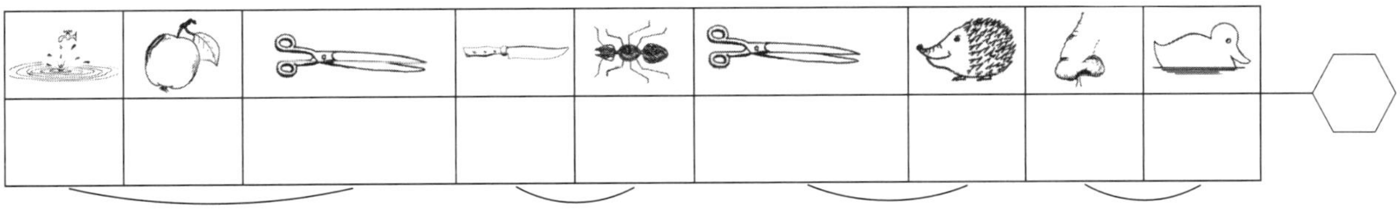

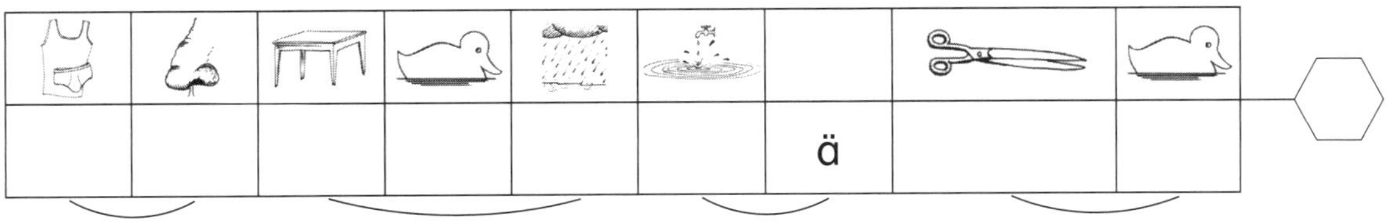


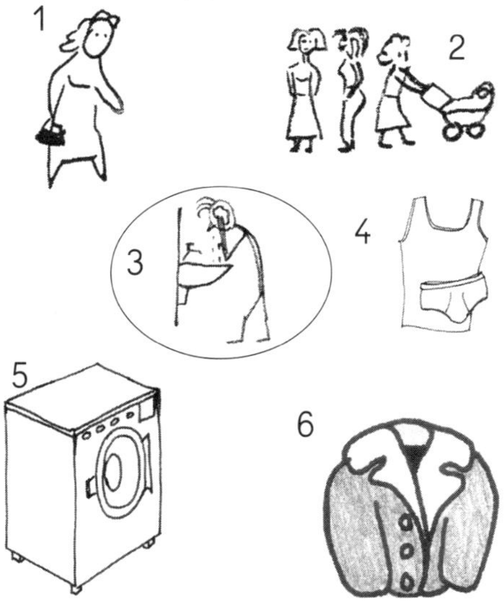


4. Und Sie? Haben Sie eine Waschmaschine?

# L 8 Schreiben Sie!

Schreiben Sie zu jedem Bild das passende Wort.
In jedes Kästchen gehört ein Laut.

| | | | | | | | |
|---|---|---|---|---|---|---|---|
|  | | | | | | | |
|  | | | | | | | |
|  | | | | | | | |
|  | | | | | | | |
|  | | | | | | | |
|  | | | c | | | | |
|  | | | | | | | |
|  | | | | | | | |
|  | | | c | | | | |
|  | | | | | | | |
|  | | | | | | | |

# Er, sie, es oder sie? L 8

**Personalpronomen**

| Singular | | | Plural | |
|---|---|---|---|---|
| Der Schal | → Er | Die | Schals | → Sie |
| Die Jacke | → Sie | | Jacken | → Sie |
| Das Kleid | → Es | | Kleider | → Sie |

1. Setzen Sie das richtige Personalpronomen ein: er, sie, es oder sie

| | | |
|---|---|---|
| Der Mantel ist teuer. | Er | kostet 180 €. |
| Die Jacke ist teuer. | ____ | kostet 109 €. |
| Das Kleid ist teuer. | ____ | kostet 229 €. |
| Die Hose ist billig. | ____ | kostet 45 €. |
| Die Krawatte ist teuer. | ____ | kostet 29 €. |
| Der Schal ist billig. | ____ | kostet 5 €. |
| Das rote Kleid ist billig. | ____ | kostet 42 €. |
| Der Rock ist teuer. | ____ | kostet 77 €. |
| Die Schuhe sind teuer. | ____ | kosten 138 €. |
| Die Socken sind billig. | ____ | kosten 2 €. |

2. Antworten Sie.

| | |
|---|---|
| Wie viel kostet der Rock? | Er kostet 77,- €. |
| Wie viel kostet die Hose? | ____________. |
| Wie viel kostet die Krawatte? | ____________. |
| Wie viel kosten drei Krawatten? | ____________. |
| Wie viel kostet der Mantel? | ____________. |

Wortschatz: Preise, Kleidung (Wh.)
Grammatik: Personalpronomen Plural
Lesen durch Schreiben: LES und SCH

# L 8 Große Zahlen

1. Lesen und ergänzen Sie die Zahlenreihen.

| | | | | | |
|---|---|---|---|---|---|
| 1 | 2 | 3 | 5 | 7 | 9 |
| 10 | 20 | 30 | 50 | 70 | ____ |
| 100 | 200 | 300 | 500 | ____ | ____ |
| 1000 | 2000 | 3000 | ____ | ____ | ____ |

2. Lesen und ergänzen Sie die Zahlenreihen.

| | | | | | |
|---|---|---|---|---|---|
| 5 | 20 | 68 | 75 | 87 | 93 |
| 105 | 120 | 168 | 175 | 187 | ____ |
| 305 | 320 | 368 | 375 | ____ | ____ |
| 1305 | 1320 | 1368 | ____ | ____ | ____ |

3. Was passt zusammen?

| | | |
|---|---|---|
| Das |  | kostet |
| Der |  | kostet |
| Das |  | kostet |
| Die |  | kostet |
| Der |  | kostet |
| Die |  | kostet |

| |
|---|
| 495 € |
| 859 € |
| 5000 € |
| 95 € |
| 120 € |
| 180 000 € |

4. Heißt es **er**, **sie** oder **es**? Üben Sie diesen Dialog.

Wie viel kostet das Auto?

Es kostet ... .

Wortschatz: Große Zahlen
Grammatik: Personalpronomen (Wh.)
Lesen durch Schreiben: LES

# Neunerquadrat – A



1. Falten Sie das Arbeitsblatt.
2. Diktieren Sie Ihrem Partner die Zahlen aus den Feldern 1 und 2. Beginnen Sie in jeder Zeile beim Pfeil (→).
3. Ihr Partner schreibt auf seinem Arbeitsblatt (S. 149) die Zahlen in die Kästchen seiner Felder 1 und 2.
4. Vergleichen Sie gemeinsam, ob alles richtig geschrieben ist.
5. Dann diktiert Ihr Partner und Sie schreiben.

Falten!

Feld 1: Lesen Sie:

| | | | |
|---|---|---|---|
| → | 90 | 900 | 9000 |
| → | 400 | 40 | 4000 |
| → | 490 | 840 | 4840 |

Feld 3: Schreiben Sie:

| | | | |
|---|---|---|---|
| → | | | |
| → | | | |
| → | | | |

Feld 2: Lesen Sie:

| | | | |
|---|---|---|---|
| → | 35 | 135 | 635 |
| → | 6035 | 6135 | 6005 |
| → | 718 | 2018 | 9718 |

Feld 4: Schreiben Sie:

| | | | |
|---|---|---|---|
| → | | | |
| → | | | |
| → | | | |

# L 8 Neunerquadrat – A (Zusatz)

Zusatzaufgabe

1. Falten Sie das Arbeitsblatt.
2. Denken Sie sich Zahlen aus und schreiben Sie sie in die grauen Kästchen.
3. Diktieren Sie Ihrem Partner die Zahlen aus den Feldern 5 und 6. Beginnen Sie in jeder Zeile beim Pfeil (→).
4. Ihr Partner schreibt auf seinem Arbeitsblatt (S. 150) die Zahlen in die Kästchen seiner Felder 5 und 6.
5. Vergleichen Sie gemeinsam, ob alles richtig geschrieben ist.
6. Dann diktiert Ihr Partner und Sie schreiben.

Falten!

Feld 5: Schreiben und lesen Sie:

| | | | |
|---|---|---|---|
| → | | | |
| → | | | |
| → | | | |

Feld 7: Schreiben Sie:

| | | | |
|---|---|---|---|
| → | | | |
| → | | | |
| → | | | |

Feld 6: Schreiben und lesen Sie:

| | | | |
|---|---|---|---|
| → | | | |
| → | | | |
| → | | | |

Feld 8: Schreiben Sie:

| | | | |
|---|---|---|---|
| → | | | |
| → | | | |
| → | | | |

# Neunerquadrat – B



1. Falten Sie das Arbeitsblatt.
2. Schreiben Sie in die Kästchen der Felder 1 und 2, was Ihr Partner Ihnen diktiert. Beginnen Sie in jeder Zeile beim Pfeil (→).
3. Vergleichen Sie gemeinsam, ob alles richtig geschrieben ist.
4. Dann diktieren Sie Ihrem Partner die Zahlen aus den Feldern 3 und 4.

Falten!

Feld 3: **Lesen Sie:**

| | | | |
|---|---|---|---|
| → | 70 | 7000 | 700 |
| → | 800 | 80 | 8000 |
| → | 870 | 7080 | 8720 |

Feld 1: **Schreiben Sie:**

| | | | |
|---|---|---|---|
| → | | | |
| → | | | |
| → | | | |

Feld 4: **Lesen Sie:**

| | | | |
|---|---|---|---|
| → | 61 | 261 | 561 |
| → | 3061 | 3261 | 3001 |
| → | 324 | 5024 | 6924 |

Feld 2: **Schreiben Sie:**

| | | | |
|---|---|---|---|
| → | | | |
| → | | | |
| → | | | |

# Neunerquadrat – B (Zusatz)

Zusatzaufgabe

1. Falten Sie das Arbeitsblatt.
2. Denken Sie sich Zahlen aus und schreiben Sie sie in die grauen Kästchen der Felder 7 und 8.
3. Schreiben Sie in die Kästchen der Felder 5 und 6, was Ihr Partner Ihnen diktiert. Beginnen Sie in jeder Zeile beim Pfeil (→).
4. Vergleichen Sie gemeinsam, ob alles richtig geschrieben ist.
5. Dann diktieren Sie Ihrem Partner die Zahlen aus den Feldern 7 und 8.

Falten!

Feld 7: Schreiben und lesen Sie:

| | | | |
|---|---|---|---|
| → | | | |
| → | | | |
| → | | | |

Feld 5: Schreiben Sie:

| | | | |
|---|---|---|---|
| → | | | |
| → | | | |
| → | | | |

Feld 8: Schreiben und lesen Sie:

| | | | |
|---|---|---|---|
| → | | | |
| → | | | |
| → | | | |

Feld 6: Schreiben Sie:

| | | | |
|---|---|---|---|
| → | | | |
| → | | | |
| → | | | |

# Was fehlt? L 8

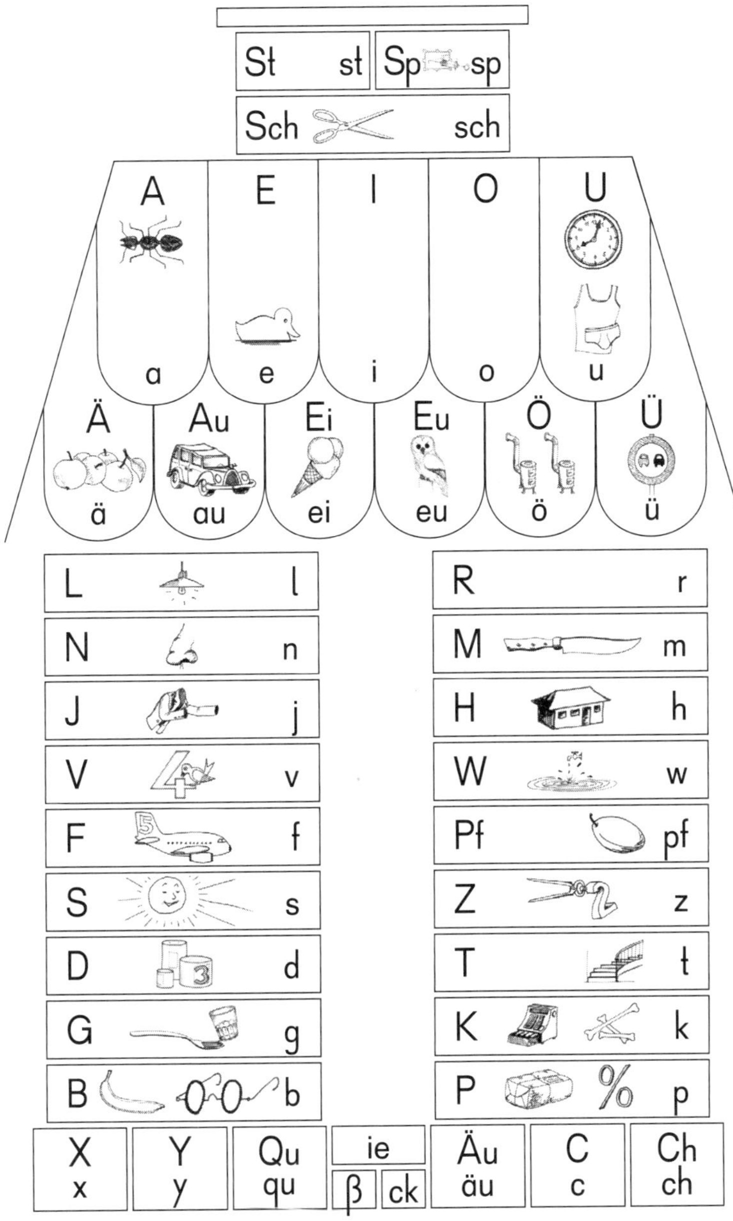


Sehen Sie sich das Anlaut-Haus genau an. Welche Bilder fehlen?

Schreiben Sie auf, was fehlt. Es sind Nomen mit dem Artikel **der**.

der Stuhl

# Was passt nicht?

1. Welches der drei Nomen passt nicht?
Schreiben Sie das nicht passende Nomen mit Artikel auf.

| | | | |
|---|---|---|---|
| der Montag | der Freitag | ~~der Frühling~~ | der Frühling |
| der Sonntag | der Sommer | der Winter | |
| der Dezember | der Juli | der Februar | |
| der Januar | der Juni | der Juli | |
| die Jahreszeit | der Mai | der März | |

2. Setzen Sie die Wörter richtig ein.

| | | | | | |
|---|---|---|---|---|---|
| Tage | Tage | Monate | Jahreszeiten | Jahr | Wochen |

Das Jahr hat 52 ______________________.

Das Jahr hat zwölf ______________________.

Das Jahr hat vier ______________________.

Die Woche hat sieben ______________________.

Das ______________ hat 365 ______________________.

3. Markieren Sie alle J/j.
Wie viele Wörter mit J/j finden Sie? ______

Laut »J«
Wortschatz: Jahr (Wh.)
Lesen durch Schreiben: LES und WAH/SCH

# Das Wetter

1. Die Wetterzeichen.

| 1 | 2 | 3 | 4 | 5 | 6 |
|---|---|---|---|---|---|
|  |  |  | 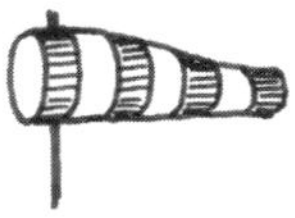 |  | 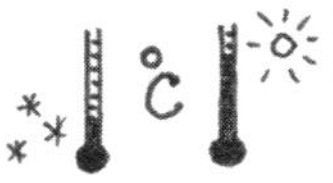 |

2. Schreiben Sie zu jedem Zeichen das passende Wort.
In jedes Kästchen gehört ein Laut.

| | | | | | |
|---|---|---|---|---|---|
|  | | | | | |

| | | | | | |
|---|---|---|---|---|---|
|  | | | | | |

| | | | | | |
|---|---|---|---|---|---|
|  | | | | | |

| | | | | |
|---|---|---|---|---|
|  | | | | |

| | | | | |
|---|---|---|---|---|
|  | | | | |

| | | | | | | | | | |
|---|---|---|---|---|---|---|---|---|---|
| 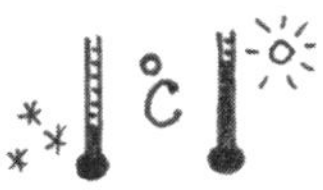 | | | | | | | | | |

# L 9 Der Wetterbericht

1. Viel oder wenig? Schreiben Sie!

viel Sonne

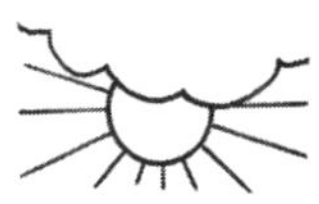

wenig

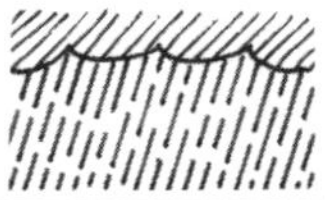

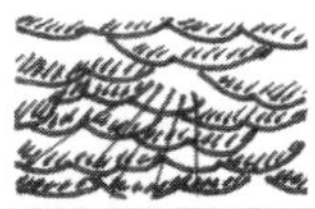

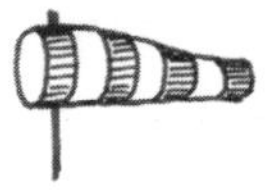

2. Und heute? Wie ist das Wetter heute?



Wortschatz: Wetter, »viel/wenig«
Lesen durch Schreiben: SCH

# Die Laute V, H und Ch

**L 9**

1. Arbeiten Sie zuerst mit dem Anlaut-Haus:
   Markieren Sie das V gelb und das v grün; ebenso H und h, Ch und ch.
2. Erst nachmalen, dann in den Linien schreiben!

V

v

V v

H

h

H h

Ch

ch

Ch ch

# L 9 Suchen Sie die Buchstaben!

1. Wie viele V und v finden Sie?

   Markieren Sie alle V gelb und v grün. Tragen Sie die Anzahl unten ein.

V W Y V U Y V W X N V U V Y V

v w y v u o x y w v u y u v x w v

Vater viel wie Vase Merve Löwe vor Ausverkauf

| | | |
|---|---|---|
|  | V: ______ | v: ______ |

2. Wie viele H und h finden Sie?

   Markieren Sie alle H gelb und h grün. Tragen Sie die Anzahl unten ein.

H K N R K H Y A R K H H K H Y H

h n h m n h b h n p n h b b n h

Haben Sie ein Haus? Nein, wir haben kein Haus, aber einen Hund.

| | | |
|---|---|---|
|  | H: ______ | h: ______ |

3. Wie viele Ch und ch finden Sie?

   Markieren Sie alle Ch gelb und ch grün. Tragen Sie die Anzahl unten ein.

Ch C ch Ch O h Ch C Ch c o h ch Ch

ch ck ah ch Ch c ck k h oh g ch h ch

Kuchen Kirsche waschen wachen welche schön möchten ich

China Schal Computer Rock rauchen Rauch Rausch brauchen

| | | |
|---|---|---|
| | Ch: ______ | ch: ______ |

# Hören Sie!

**L 9**

Arbeiten Sie mit allen Lotto-Karten, den Verb-Karten und den Bildkarten (Anhang). Sprechen Sie zuerst das Wort. Legen Sie die Karte auf das graue Feld, wenn Sie den gleichen Anlaut hören.

1. Welche Wörter haben den Anlaut H?

| | | |
|---|---|---|
|  | H | |

2. Welche Wörter haben den Anlaut S?

| | | |
|---|---|---|
|  | S | |

3. Welche Wörter haben den Anlaut F? Man schreibt ihn meistens als F, manchmal als V. Sehen Sie im Wörterbuch nach.

| | | |
|---|---|---|
| 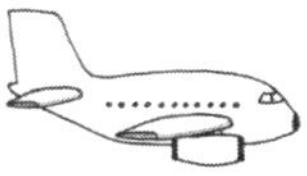  | F / V | |

# L 9 Schreiben und lesen Sie!

1. Was passt zusammen?
   Schreiben Sie dann zum Bild passende Buchstaben oder das ganze Wort.

| | | |
|---|---|---|
| Ch |  | |
| H |  | |
| H |  | |
| a |  | |
| W |  | |
| V |  | Ch |
| v |  | |
| Eu |  | |

2. Lesen Sie!

| | |  o | |  i | | 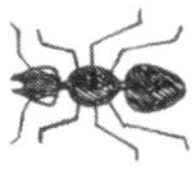 a |
|---|---|---|---|---|---|---|
|  | V | Vo | V | Vi | V | Va |
|  | W | Wo | W | Wi | W | Wa |
|  | H | Ho | H | Hi | H | Ha |

# Die Laute -ch und -ch



**Lese-Regel**

nach: a u au o → -ch

acht Buch rauchen Knochen

---

nach: e i ei eu ie ä, ö, ü → -ch

rechnen ich weich euch riechen Bücher

1. Ordnen Sie die Wörter nach dieser Lese-Regel.

~~mich~~ nicht Dach Dächer Koch Köche möchten Buch Bücher
auch Bauch Tuch Tücher Küche dich reich rechnen acht
Nacht Nächte Woche riechen schlecht leicht Kuchen euch
feucht Licht Loch Löcher Besuch suchen machen lachen

| a - u - au - o | e - i - ei - eu - ie - ä - ö - ü |
|---|---|
| | mich, |
| | |
| | |
| | |
| | |
| | |
| | |
| | |

# L 9 Wo hören Sie den Laut Ch?

1. Hören Sie ein Ch ? Wenn ja, an welcher Stelle?
   Schreiben Sie das Ch oder ch in das richtige Kästchen.

| | am Anfang | in der Mitte | am Ende | kein Ch/ch |
|---|---|---|---|---|
| Beispiel: |  |  |  | 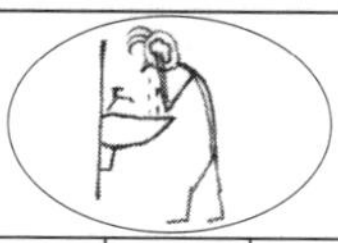 |
| | Ch — — | — ch — | — — ch | — — — |

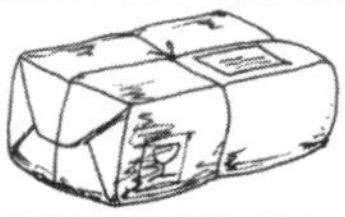

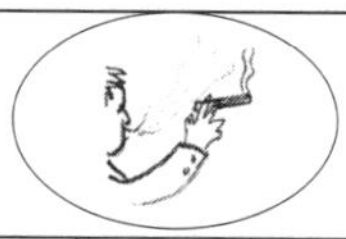

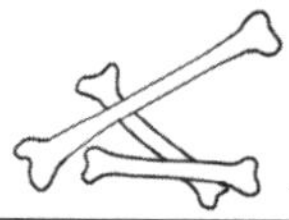

2. Kennen Sie noch mehr Wörter mit dem Laut Ch/ch ?

# Vor oder nach?



vor

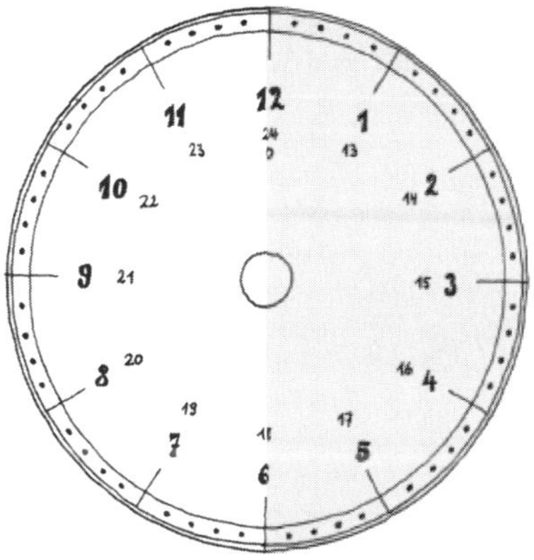

nach

↑
halb

1. Sprechen Sie zuerst die Uhrzeit.
   Ergänzen Sie dann die Uhrzeit.

| | | | |
|---|---|---|---|
| 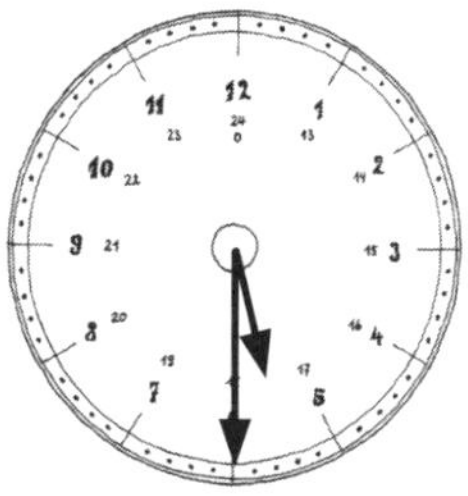<br>16.30 Uhr<br>halb fünf | 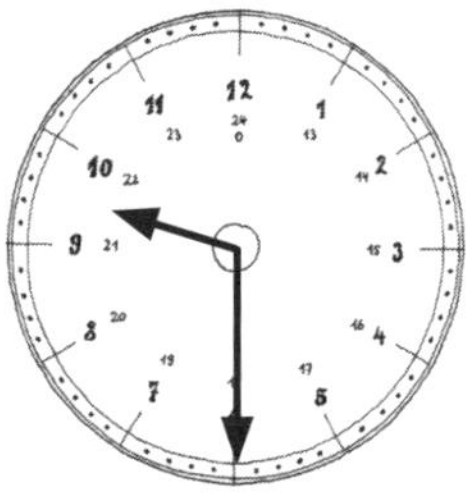<br>9.30 Uhr<br>halb zehn | 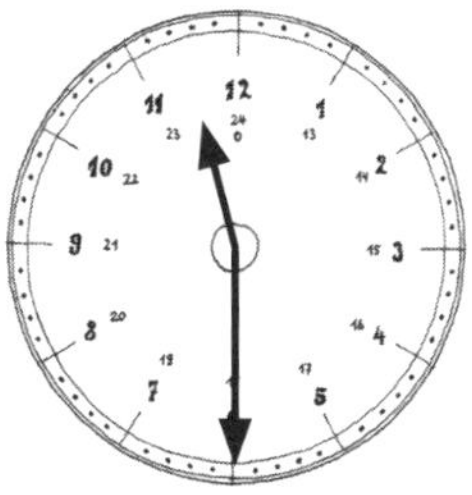<br>11.30 Uhr<br>__________ | 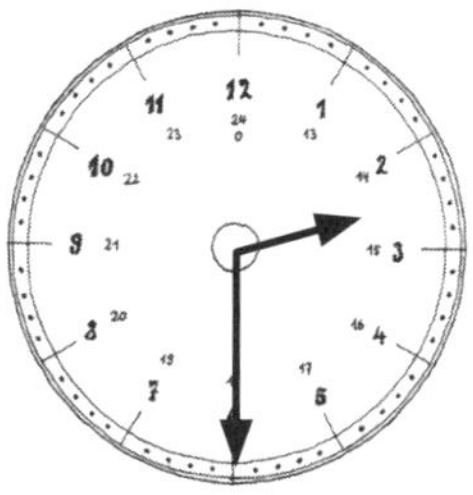<br>14.30 Uhr<br>__________ |
| <br>5 Minuten<br>vor acht | <br>10 Minuten<br>vor acht | <br>_____ Minuten<br>__________ | <br>_____ Minuten<br>__________ |
| <br>5 Minuten<br>nach acht | <br>7 Minuten<br>nach acht | <br>_____ Minuten<br>__________ | <br>_____ Minuten<br>__________ |

Wortschatz: Uhrzeit mit »halb«, »vor« und »nach«
Lesen durch Schreiben: LES und SCH

# L 9 Vor oder nach?

1. Malen Sie die Zeiger passend zum Text in die Uhr.

| | | | |
|---|---|---|---|
|  halb eins |  halb drei |  halb vier |  halb neun |
| 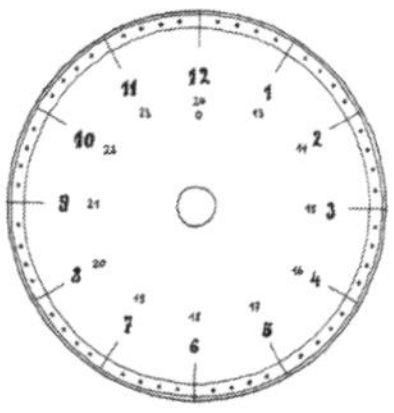 10 Minuten vor drei | 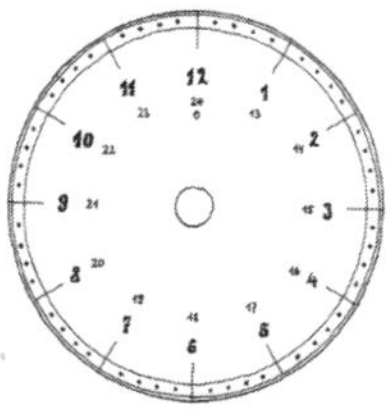 15 Minuten vor drei |  20 Minuten vor drei | 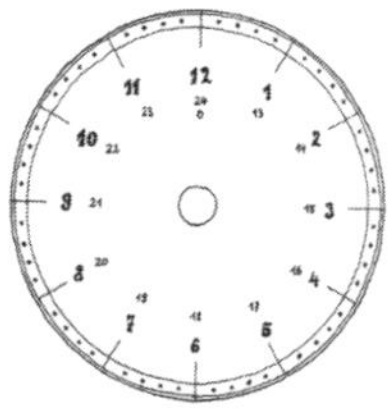 2 Minuten vor drei |
| 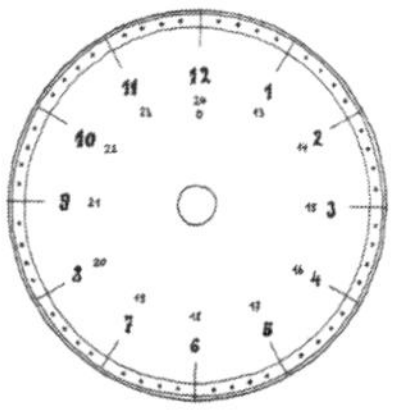 10 Minuten nach drei | 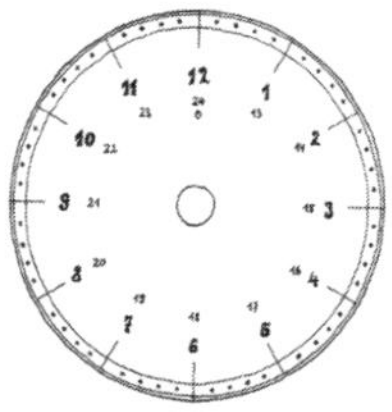 15 Minuten nach drei |  20 Minuten nach drei |  5 Minuten nach drei |

2. Lesen Sie die Uhrzeit und kreuzen Sie den richtigen Text an.

| | |
|---|---|
| 07. 05 | ○ fünf vor sieben<br>⊗ fünf nach sieben |
| 10. 45 | ○ fünfzehn vor elf<br>○ fünfzehn nach zehn |
| 11. 52 | ○ acht vor zwölf<br>○ acht nach elf |
| 01. 08 | ○ acht vor eins<br>○ acht nach eins |

| | |
|---|---|
| 02. 08 | ○ acht vor zwei<br>○ acht nach zwei |
| 09. 58 | ○ zwei vor zehn<br>○ acht nach zehn |
| 11. 12 | ○ zwölf vor elf<br>○ zwölf nach elf |
| 06. 57 | ○ drei vor sieben<br>○ drei nach sechs |

3. Und jetzt? Wie viel Uhr ist es jetzt? ______________________



Wortschatz: Uhrzeit mit »halb«, »vor« und »nach«
Lesen durch Schreiben: LES

# Die Laute Ä, Ö und Ü

**L 9**

1. Arbeiten Sie zuerst mit dem Anlaut-Haus:
   Markieren Sie das Ä gelb und das ä grün; ebenso Ö und ö, Ü und ü.

2. Erst nachmalen, dann in den Linien schreiben!

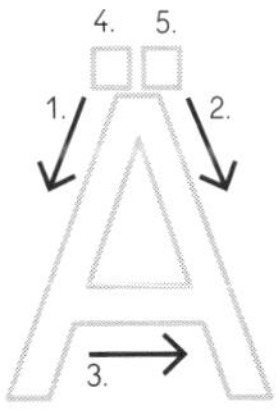

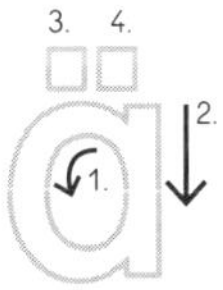


Ä ä

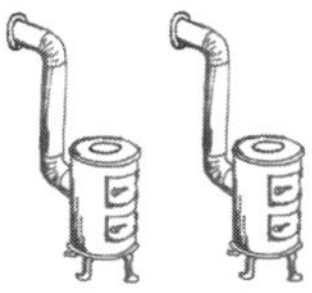
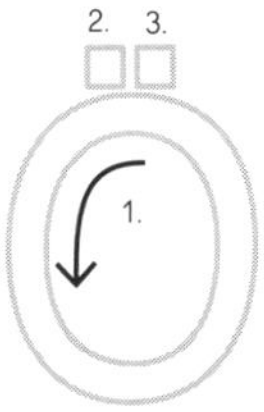

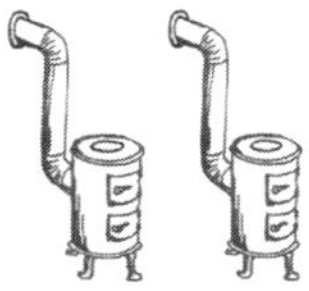

Ö ö

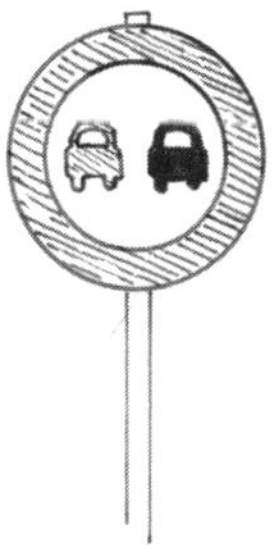
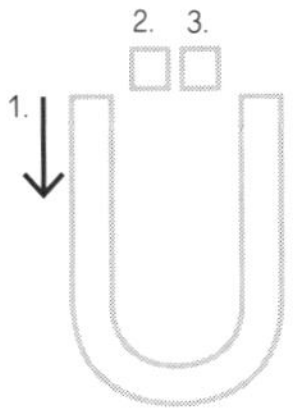

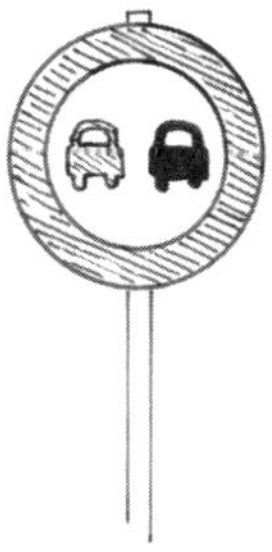
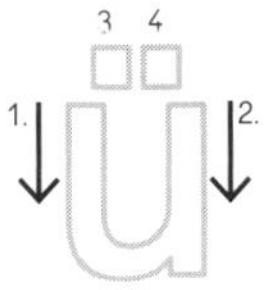


Ü ü

# L 9 Suchen Sie die Buchstaben!

1. Wie viele Ä und ä finden Sie?
   Markieren Sie alle Ä gelb und ä grün. Tragen Sie die Anzahl unten ein.

Ä Ö Ä A U Ü V W A Ä K M Ö A Ä

ä a au ö o i ä q a ä i ö ä a e ö ä

Väter Fahrräder Äste Ast Löwe Mähne Hände Hand

Geschäft Hälfte halb wählen Wäsche waschen Wäscheleine

| | | |
|---|---|---|
|  | Ä: ______ | ä: ______ |

2. Wie viele Ö und ö finden Sie?
   Markieren Sie alle Ö gelb und ö grün. Tragen Sie die Anzahl unten ein.

Ö O Q C U Ü Ö Ä E Ü Ö O Ü O Ö

ö o g q ü ä ö o n p au o b ö o ö

Tochter Töchter Sohn Söhne Oma Öl hoch höher Löwe

Löffel Fön zuhören öffnen Körper Feuerlöscher möchten

| | | |
|---|---|---|
|  | Ö: ______ | ö: ______ |

3. Wie viele Ü und ü finden Sie?
   Markieren Sie alle Ü gelb und ü grün. Tragen Sie die Anzahl unten ein.

Ü C U Ö Ü U Ch O Ö U Ü V Y Ü Ö U

ü u au eu ü ä ö ö ü v g y ü ö ü

unter über Überholverbot U-Bahn müde Mut Übung Tüte

Zahnbürste Frühstück Kuchenstück Nüsse Schüssel Rücken

| | | |
|---|---|---|
|  | Ü: ______ | ü: ______ |

# Schreiben und lesen Sie! L 9

1. Was passt zusammen?
   Schreiben Sie dann zum Bild passende Buchstaben oder das ganze Wort.

| | | |
|---|---|---|
| U |  | |
| Ü |  | |
| f |  | |
| B |  | |
| O | 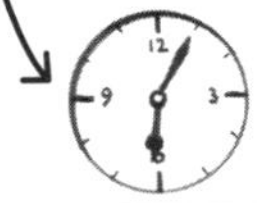 | U |
| Ö |  | |
| Ä |  | |
| A |  | |

2. Lesen Sie!

| | | | | | | |
|---|---|---|---|---|---|---|
| | |  ä | |  ö | |  ü |
|  | M | Mä | M | Mö | M | Mü |
|  | F | Fä | F | Fö | F | Fü |
|  | B | Bä | B | Bö | B | Bü |

# Die Möbel

## 1. Sprechen Sie!

Ich brauche einen  und ...

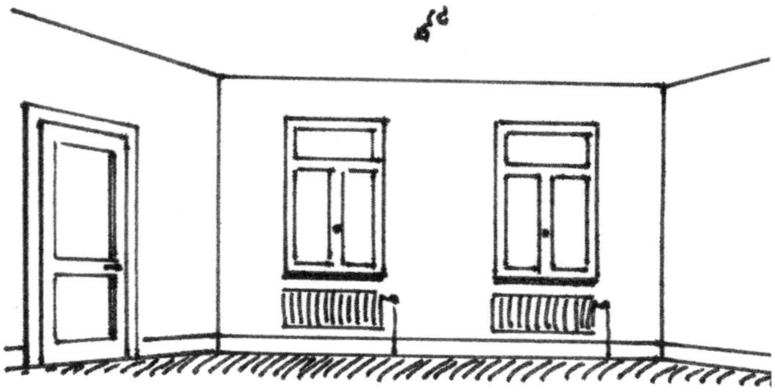

Ich brauche  und ...

| | | |
|---|---|---|
| einen |  |  |
| einen |  |  |
| einen |  | 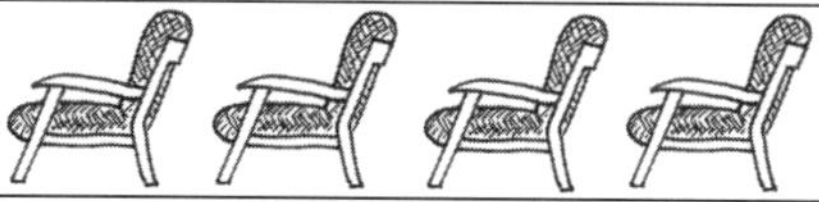 |
| einen |  |  |
| einen |  |  |
| einen | 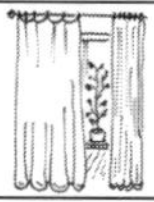 | 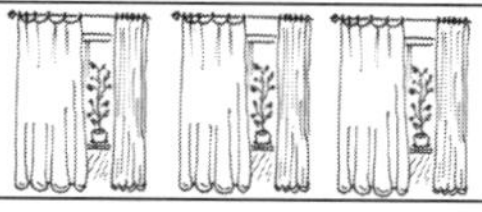 |
| eine |  |  |
| ein | 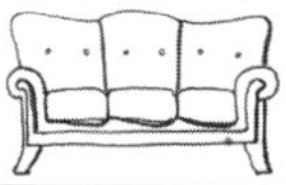 | 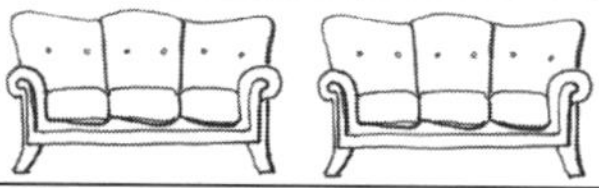 |
| ein |  | 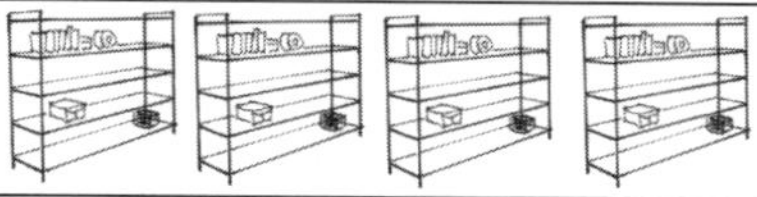 |
| ein |  |  |

## 2. Und Sie? Welche Möbel brauchen Sie?

# Lesen Sie!

# L 9

1. Arbeiten Sie mit dem Anlaut-Haus. Schreiben Sie den passenden Laut unter das Bild.
2. Ziehen Sie die Laute zusammen und lesen Sie das Wort.
3. Schreiben Sie die passende Bildnummer in das Sechseck.

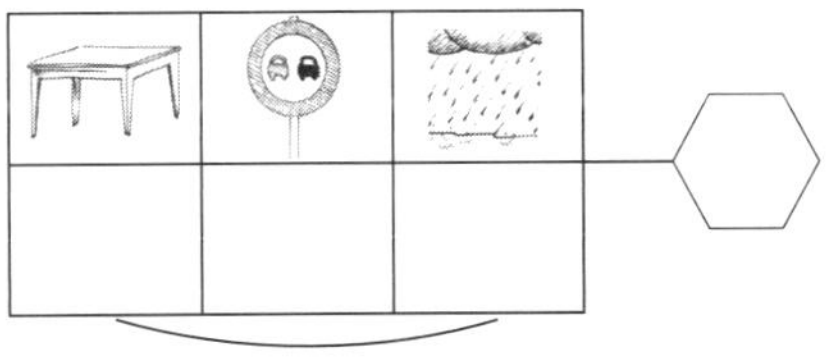

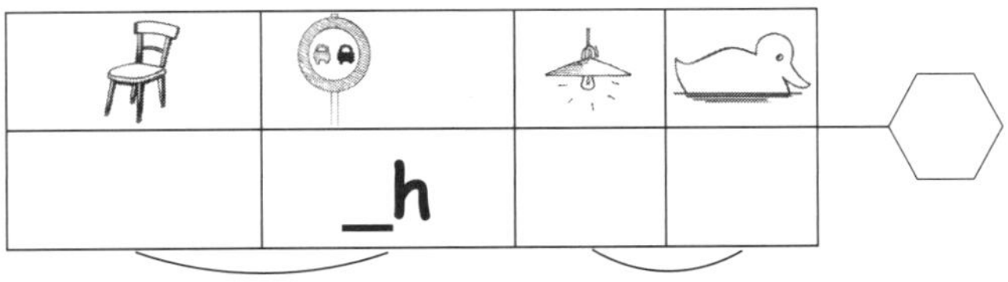


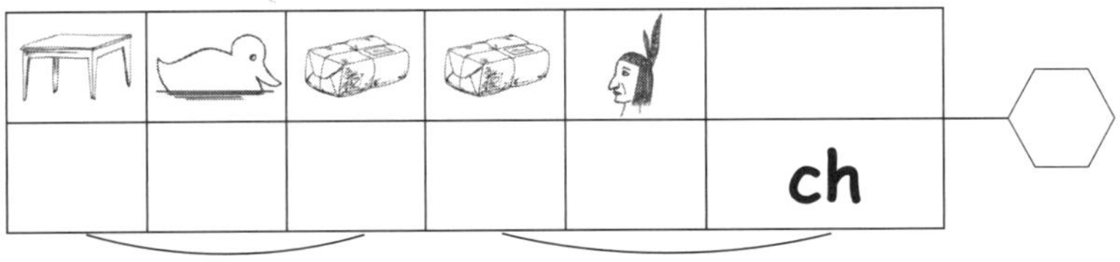


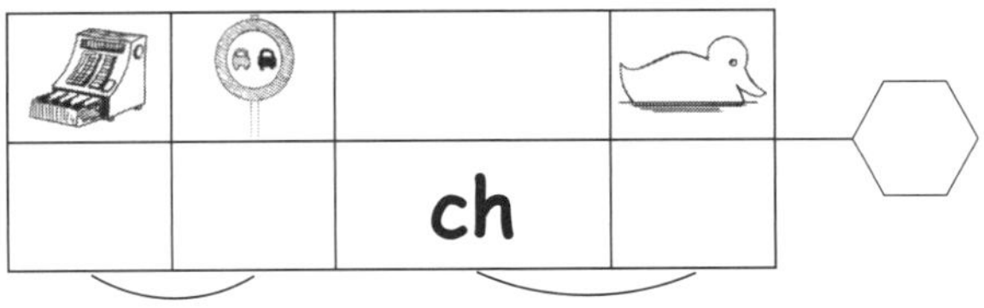


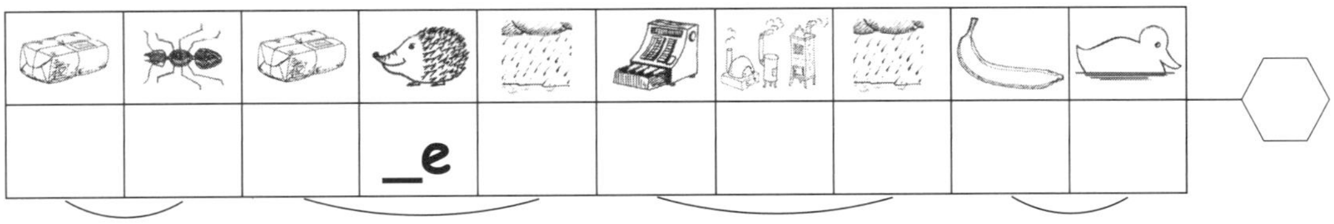


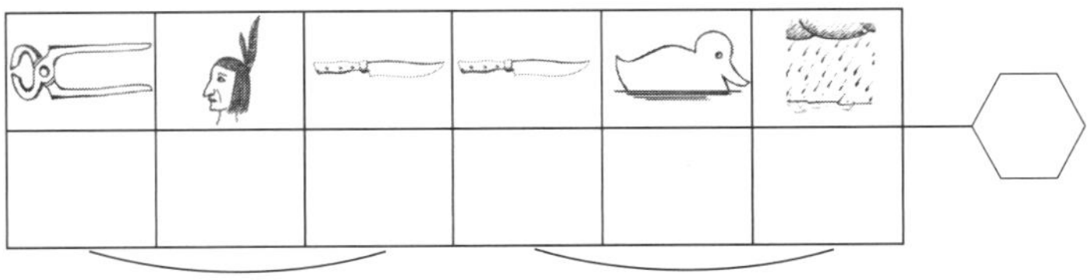

1

3

4

5

6
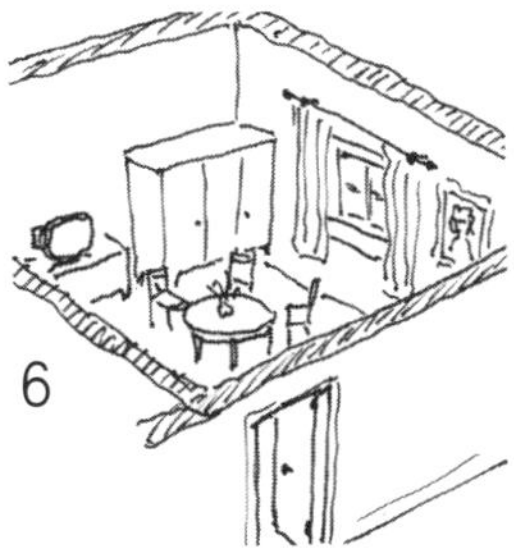

7
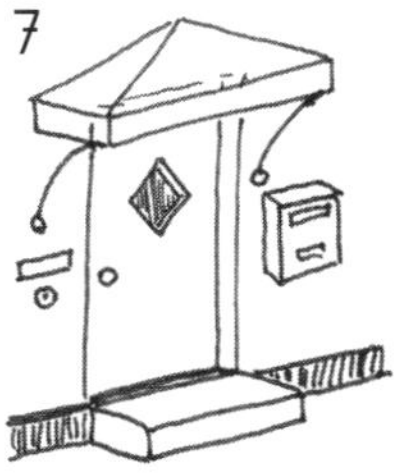

8

4. Und Ihre Wohnung? Wie viele Zimmer hat Ihre Wohnung?

# L 9 Wo hören Sie den Laut Ä?

1. Hören Sie ein Ä? Wenn ja, an welcher Stelle?
   Schreiben Sie das Ä oder ä in das richtige Kästchen.

| | am Anfang | in der Mitte | am Ende | kein Ä/ä |
|---|---|---|---|---|
| Beispiel: |  |  | |  |
| | Ä — — | — ä — | — — ä | — — — |

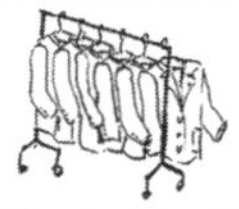

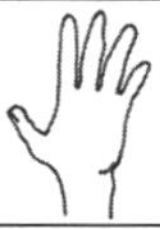
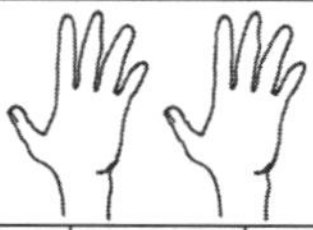
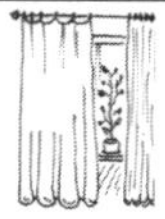

2. Kennen Sie noch mehr Wörter mit dem Laut Ä/ä ?

# Schreiben Sie!



Schreiben Sie zu jedem Bild das passende Wort.
In jedes Kästchen gehört ein Laut.

| | | | |
|---|---|---|---|
| 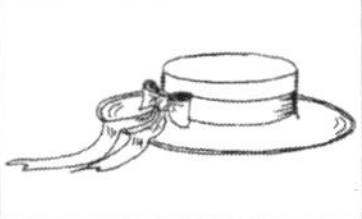 | | | |

| | | | | |
|---|---|---|---|---|
|  | | | | |

| | | | | | | |
|---|---|---|---|---|---|---|
|  | | | | | | |

| | | | | | | |
|---|---|---|---|---|---|---|
|  | | | | | | |

| | | | | |
|---|---|---|---|---|
|  | | | c | |

| | | | | | |
|---|---|---|---|---|---|
|  | | | c | | |

| | | | | | |
|---|---|---|---|---|---|
|  | | | | | |

| | | | | | |
|---|---|---|---|---|---|
|  | | | | | |

| | | | | | |
|---|---|---|---|---|---|
| 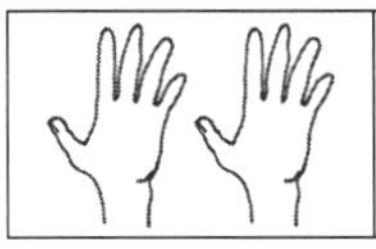 | | | | | |

| | | | | |
|---|---|---|---|---|
| 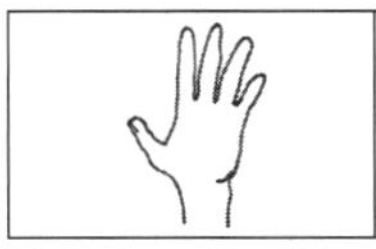 | | | | |

| | | | | |
|---|---|---|---|---|
| 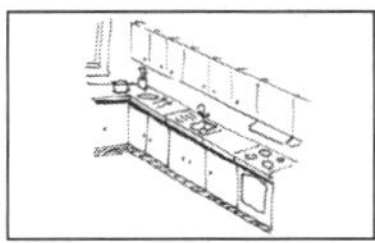 | | | | |

# L 9 Eine Familie

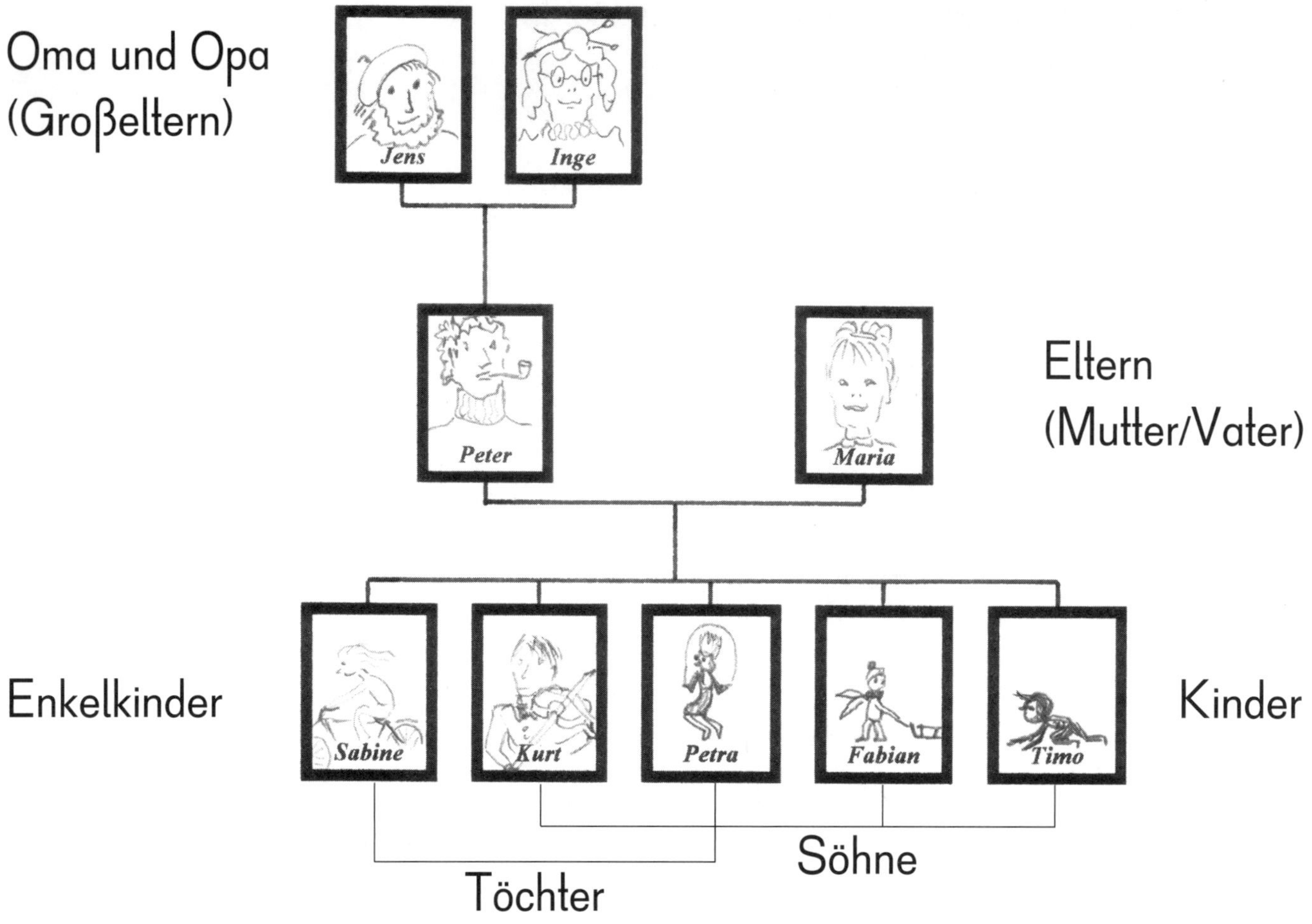


1. Antworten Sie.
   Wie viele Kinder haben Inge und Jens? ____________
   Wie viele Töchter haben Inge und Jens? ____________
   Wie viele Enkelkinder haben Inge und Jens? ____________
   Wie heißt Kurts Vater? ____________
   Wie heißt Kurts Mutter? ____________
   Wie heißt Peters Mutter? ____________
   Wie viele Söhne haben Maria und Peter? ____________

2. Und Sie? Haben Sie Kinder?

3. Markieren Sie alle Ö/ö. Wie viele Wörter mit Ö/ö finden Sie? ________

# Beim Arzt

## L 10

1. Schreiben Sie die Krankheit zum passenden Bild.

| | | | |
|---|---|---|---|
|  | Husten |  | |
|  | |  | |
|  | |  | |

Zahnschmerzen Halsschmerzen Rückenschmerzen Bauchschmerzen ~~Husten~~ Schnupfen Beinbruch Kopfschmerzen Ohrenschmerzen Durchfall Ausschlag Fieber

| | | | |
|---|---|---|---|
|  | |  | |
|  | |  | |
|  | |  | |

2. Antworten Sie Ihrem Partner (Arzt).

Was fehlt Ihnen?

Ich habe ... .

# Die Körperteile

| | | | |
|---|---|---|---|
| ~~das Auge~~ | die Nase | der Mund | der Daumen |
| das Ohr | die Stirn | der Hals | der Finger |
| das Gesicht | die Hand | der Kopf | der Bauch |
| das Bein | | der Zahn | der Rücken |
| das Knie | | der Oberkörper | der Fuß |
| das Haar | | der Arm | der Zeh |

Beschriften Sie den Körper.
Schreiben Sie die Artikel dazu.

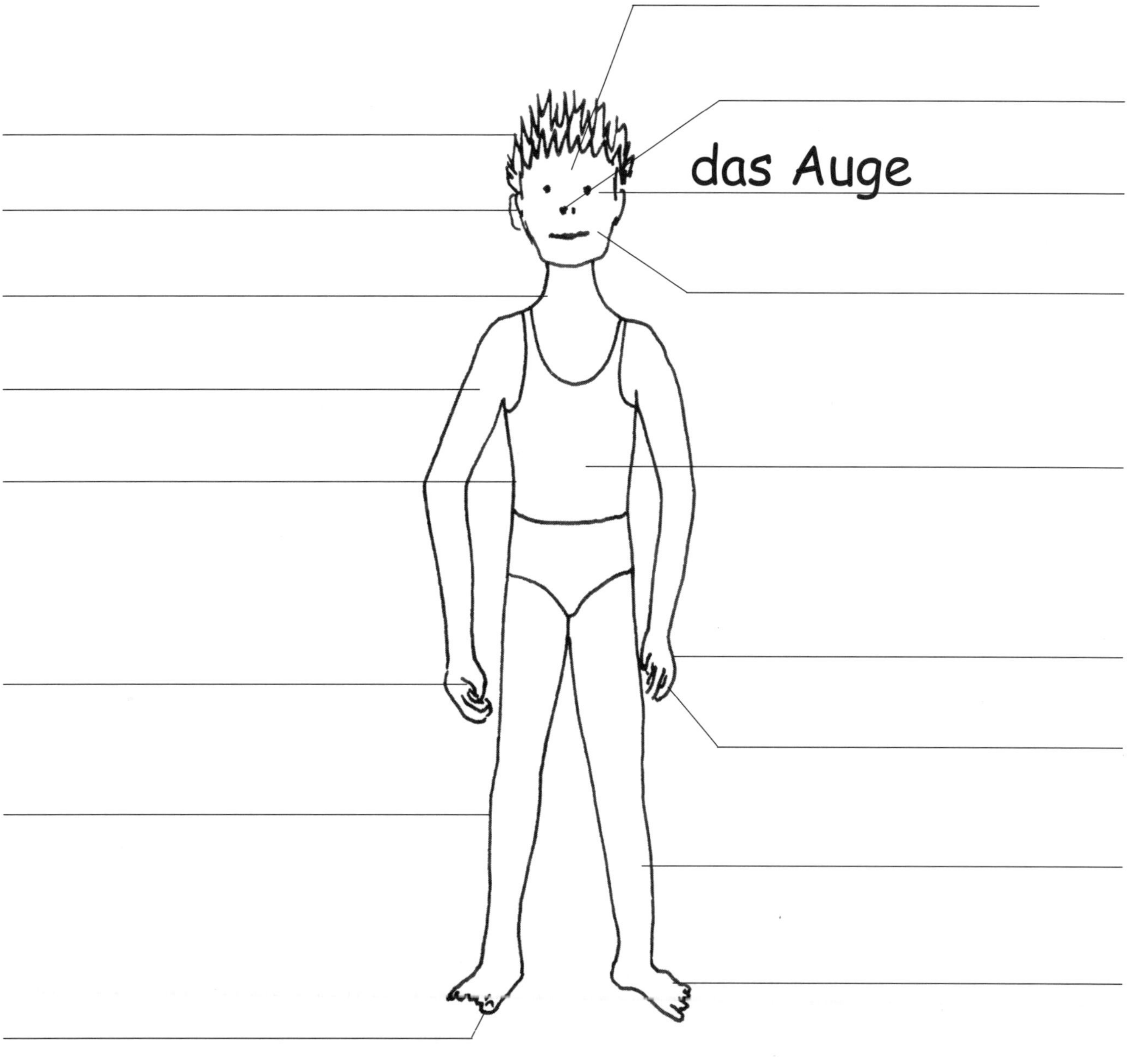

# Die Fachärzte



**Dr. med. Rolf Meier**
Praktischer Arzt
**Sprechstunde:**
Mo – Fr 8 – 12 und 15 – 17
Mi nur am Vormittag

**Dr. med. F. Schmidt**
**Fachärztin für**
**Hals-, Nasen- und Ohrenkrankheiten**
**Sprechstunde**
**Mo – Fr: 9 -11 und nach Vereinbarung**

**Dr. med. Dieter Müller**
**Kinderarzt**
**Sprechstunde**
**Mo - Fr 8 - 12 und 15 - 18**

Dr. med. Z. Rezapur
Augenarzt
Sprechstunde
Mo – Fr: 8-12 / 15-18

**Dr. med. dent.**
**L. Soni**
Zahnärztin
Sprechstunde nach Vereinbarung

Dr. med. Gabi Krause
Fachärztin für Frauenheilkunde und Geburtshilfe
Sprechstunde: außer Mi
Mo – Fr 8 – 11 / 15.30 – 17.00

**Dr. med. A. Taskafa**
**Facharzt für Orthopädie**
**Sprechstd.: Mo, Mi, Do 9 - 12 und Di 15 -17**

1. Zu welchem Arzt können die Personen gehen?

a) Ali hat Zahnschmerzen. Er kann zu Dr. Soni gehen.

b) Marias Tochter ist krank. Sie kann zu ____________________ gehen.

c) Die Oma hört nicht mehr so gut. Sie kann zu ____________________ gehen.

d) Der Opa braucht eine Brille. Er kann zu ____________________ gehen.

e) Maria hat Schnupfen. Sie kann zu ____________________ gehen.

f) Peters Rücken tut weh. Er kann zu ____________________ gehen.

g) Latifa ist schwanger. Sie kann zu ____________________ gehen.

2. Und Sie? Zu welchem Arzt gehen Sie bei Zahnschmerzen?

____________________________________________

# L 10 Die Sprechstunde

Wann hat Dr. Meier Sprechstunde?

1. Lesen Sie die Praxisschilder.
   Antworten Sie Ihrem Partner:

Er hat Mo bis Fr
von 8 bis 12 und von 15 bis 17 Uhr
Sprechstunde, aber am Mi nur am Vormittag.

2. Schreiben Sie die Antworten.
   Wann hat Dr. Taskafa Sprechstunde?

   Er hat Mo, Mi, Do von ...

   Wann hat Dr. Rezapur Sprechstunde?

   Wann hat Dr. Schmidt Sprechstunde?

   Hat Dr. Müller am Donnerstag um 14.00 Uhr Sprechstunde? ________

   Hat Dr. Schmidt am Dienstag um 16.00 Uhr Sprechstunde? ________



Wortschatz: »von«, »bis«
Lesen durch Schreiben: LES und SCH

# Die Laute St, Sp und Pf

**L 10**

1. Arbeiten Sie zuerst mit dem Anlaut-Haus:
   Markieren Sie das St gelb und das st grün; ebenso Sp und sp, Pf und pf.
2. Erst nachmalen, dann in den Linien schreiben!

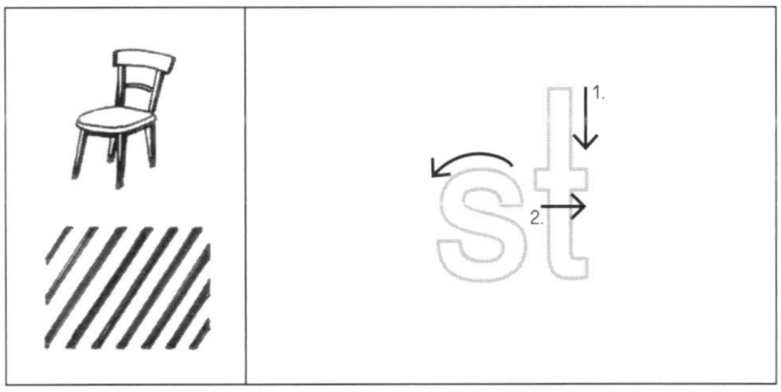


St    st

Sp    sp

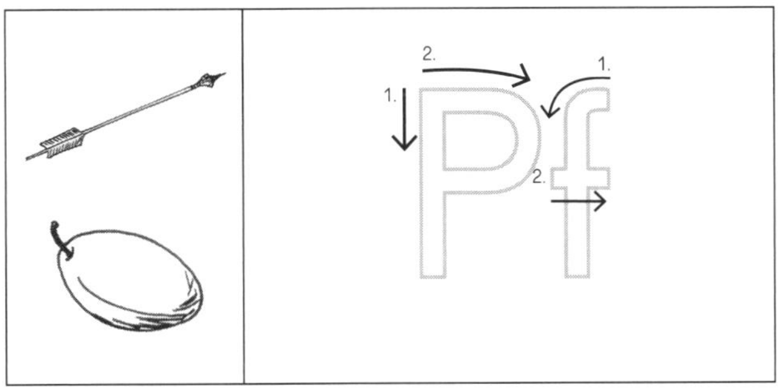


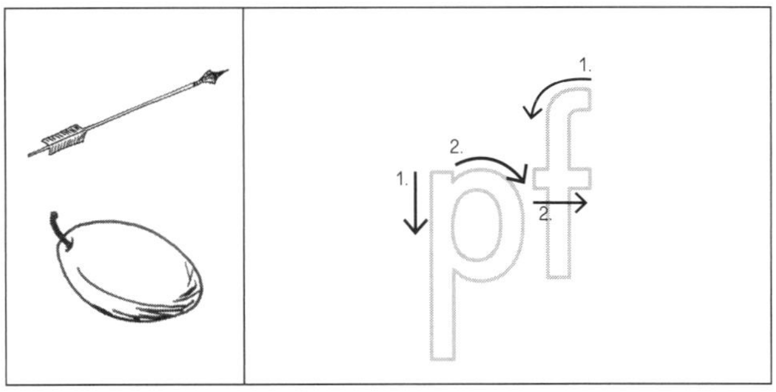


Pf    pf

# L 10 Suchen Sie die Buchstaben!

1. Wie viele St und st finden Sie?
   Markieren Sie alle St gelb und st grün. Tragen Sie die Anzahl unten ein.

(St) Sp S O Z Sp Sch Ch S St Sp T St
st sp s sch ch st tz p sp st sch sp t st

Straße streiten spielen stopp Gespenst Stirn Handstand fast
Obst Sprechstunde Buntstift Kuchenstück unterstreichen Stufe

St: ______ st: ______

2. Wie viele Sp und sp finden Sie?
   Markieren Sie alle Sp gelb und sp grün. Tragen Sie die Anzahl unten ein.

(Sp) Sch Ch P T Z S St Sp Sch P Sp Sp
sp sch s t st sp p tz st p sp ch st sp

Sprache Spinne Spielplatz Sport spielen Kartenspiel Sparkasse
Sprechstunde Gespenst Wintersport Gips absperren Speisekarte Spaß

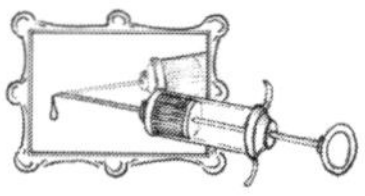

Sp: ______ sp: ______

3. Wie viele Pf und pf finden Sie?
   Markieren Sie alle Pf gelb und pf grün. Tragen Sie die Anzahl unten ein.

(Pf) Pl F Pf Sp pf Pf pr St pl pf Pr pf Pf

Pferd Pfefferminze Topf Töpfe Kopf Kopfschmerzen Preis
hüpfen Pfote Foto fein pfeifen Pfiff Plastiktüte Schnupfen
Pflaster Panne Pfanne Bratpfanne Kochtopf Pfennig Knopf

Pf: ______ pf: ______

# Schreiben und lesen Sie! **L 10**

1. Was passt zusammen?
   Schreiben Sie dann zum Bild passende Buchstaben oder das ganze Wort.

| | | |
|---|---|---|
| Pf | 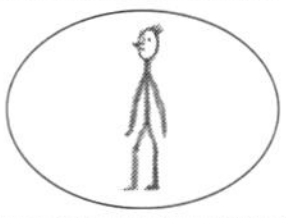 | |
| Sp |  | |
| sp |  | Pf |
| Sp |  | |
| Pf |  | |
| St | 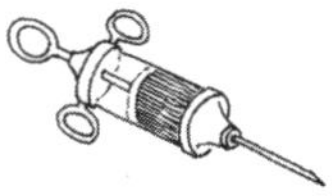 | |
| St | 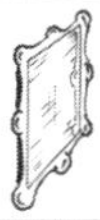 | |
| st | 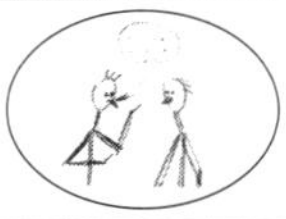 | |

2. Lesen Sie!

| | |  e | |  ei | |  o |
|---|---|---|---|---|---|---|
|  | St | Ste | St | Stei | St | Sto |
| 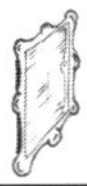 | Sp | Spe | Sp | Spei | Sp | Spo |
|  | Pf | Pfe | Pf | Pfei | Pf | Pfo |

# L 10 Das Verb

## Verben

→ sagen, **was** jemand **tut** oder **was geschieht**

→ **verändern** sich mit der Person

→ schreibt man **klein**

| |
|---|
| ich stehe, |
| du stehst, |
| er steht, |
| wir stehen, |
| ihr steht, |
| sie stehen |

1. Welches der drei Verben passt nicht?
   Schreiben Sie das nicht passende Verb auf.

| | | | |
|---|---|---|---|
| 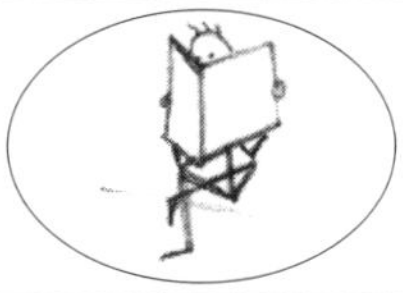 |  | 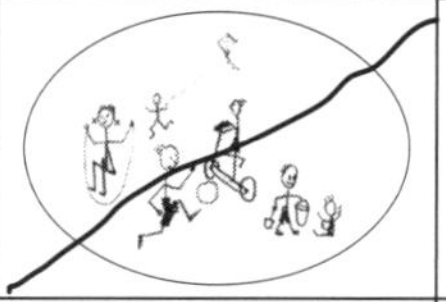 | spielen |
|  |  |  | |
| 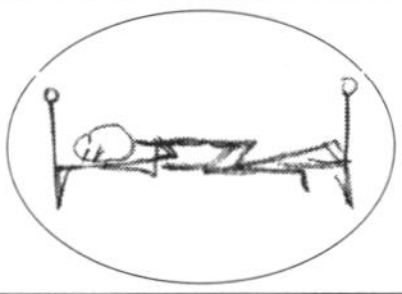 |  | 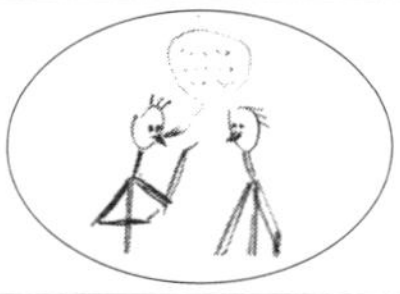 | |
|  |  |  | |
|  |  |  | |
|  |  |  | |

2. Umkreisen Sie die Verben.

Schere schreiben klein der duschen sie fragen gehen
du Kinder zu Kopf waschen Unterwäsche rauchen wir
laufen die mit Banane essen er Tisch trinken Glas

# Welches Verb passt?

**L 10**

1. Setzen Sie die richtige Verbform aus dem Kasten ein.

Ich fahre mit dem Bus.

Mein Mann __________ mit der U-Bahn.

Die Kinder __________ mit dem Fahrrad.

__________ du mit dem Auto zur Schule?

__________ ihr zum Arzt?

Wir __________ nächsten Monat nach München.

Die Frau __________ jeden Freitag.

Ich __________ morgen die Wäsche.

Mama, __________ du mir meine neue Hose?

| |
|---|
| wasche<br>wäschst<br>wäscht |
| ~~fahre~~<br>fährst<br>fährt<br>fahren<br>fahrt<br>fahren |

2. Lesen Sie. Kreuzen Sie die passenden Verben an.

| | | | |
|---|---|---|---|
| Das Buch | ○ laufen<br>☒ lesen<br>○ essen | Die Banane | ○ trinken<br>○ schneiden<br>○ waschen |
| Mit der Schere | ○ schreiben<br>○ schneiden<br>○ essen | Die Ente | ○ fliegt<br>○ schreibt<br>○ schwimmt |
| Der Elefant | ○ kocht<br>○ trinkt<br>○ läuft | Die Kinder | ○ rauchen<br>○ spielen<br>○ sitzen |
| Die Jacke | ○ laufen<br>○ kaufen<br>○ waschen | Im Auto | ○ stehen<br>○ schlafen<br>○ sitzen |
| Den Tee | ○ kaufen<br>○ kochen<br>○ trinken | Auf dem Stuhl | ○ stehen<br>○ laufen<br>○ sitzen |

# L 10 Die Laute ie und ß

1. Arbeiten Sie zuerst mit dem Anlaut-Haus: Markieren Sie das ß und ie grün;
2. Markieren Sie dann auf dem Arbeitsblatt den jeweiligen Laut in den Wörtern.
3. Erst nachmalen, dann in den Linien schreiben!

| | | |
|---|---|---|
| die | Brief | verlieren |
| sie | Papier | schließen |
| viele | Kiel | schieben |
| sieben | Miete | gießen |
| vier | Tier | radieren |

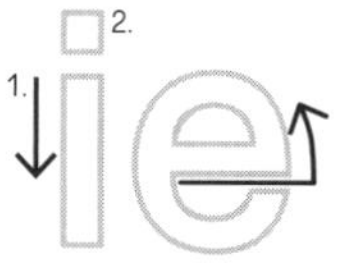


ie

| | | |
|---|---|---|
| Straße | Größe | gießen |
| Spaß | groß | grüßen |
| Gruß | süß | beißen |
| Fuß | weiß | schließen |
| Füße | heiß | reißen |

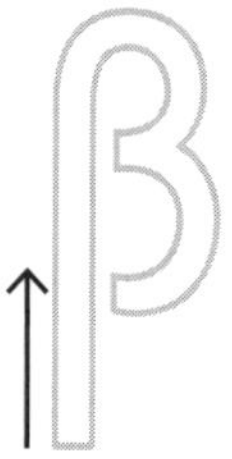

ß

4. Schreiben Sie die Verben ab, die Sie sich merken wollen.

# Der Laut Äu



1. Was passt zusammen?

| | | |
|---|---|---|
| das Haus | → | viele Häuser |
| der Baum | → | |
| der Raum | → | |
| der Zaun | → | |
| der Strauch | → | |
| der Traum | → | |
| die Maus | → | |
| das Auto | → | |
| das Auge | → | |
| die Frau | → | |

viele Räume
zwei Augen
~~viele Häuser~~
viele Frauen
viele Träume
viele Zäune
viele Autos
viele Sträucher
viele Bäume
viele Mäuse

2. Schreiben Sie zu jedem Bild die passenden Nomen.

| | |
|---|---|
|  | |
|  | |
|  | |
| 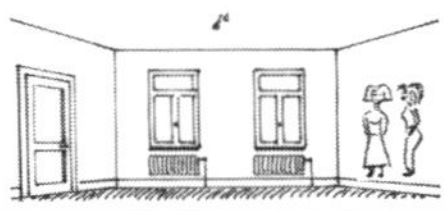 | |
|  | |
| 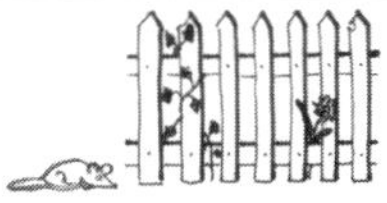 | |
| 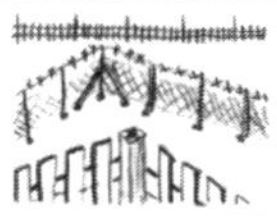 | |

3. Markieren Sie alle Äu/äu. Wie viele Wörter mit Äu/äu finden Sie? ______

# L 10 Das Adjektiv

## Adjektive

→ sagen, **wie** Menschen, Tiere, Pflanzen oder Dinge sind

→ schreibt man **klein**

Lesen Sie. Schreiben Sie dann die passende Bildnummer in das Sechseck.

Der Mann ist gesund. ⬡

Der Mann ist krank. ⬡

Die Marmelade ist süß. ⬡

Die Zitrone ist sauer. ⬡

Der Kaffee ist heiß. ⬡

Die Cola ist kalt. ⬡

Das Kleid ist gestreift. ⬡

Das Kleid ist gepunktet. ⬡

Der Stuhl ist gestreift. ⬡

Der Stuhl ist kaputt. ⬡

Der Pfeil ist weiß. ⬡

Der Pfeil ist klein. ⬡

Der Pfeil ist schwarz. ⬡

Das Telefon ist alt. ⬡

Das Telefon ist teuer. ⬡

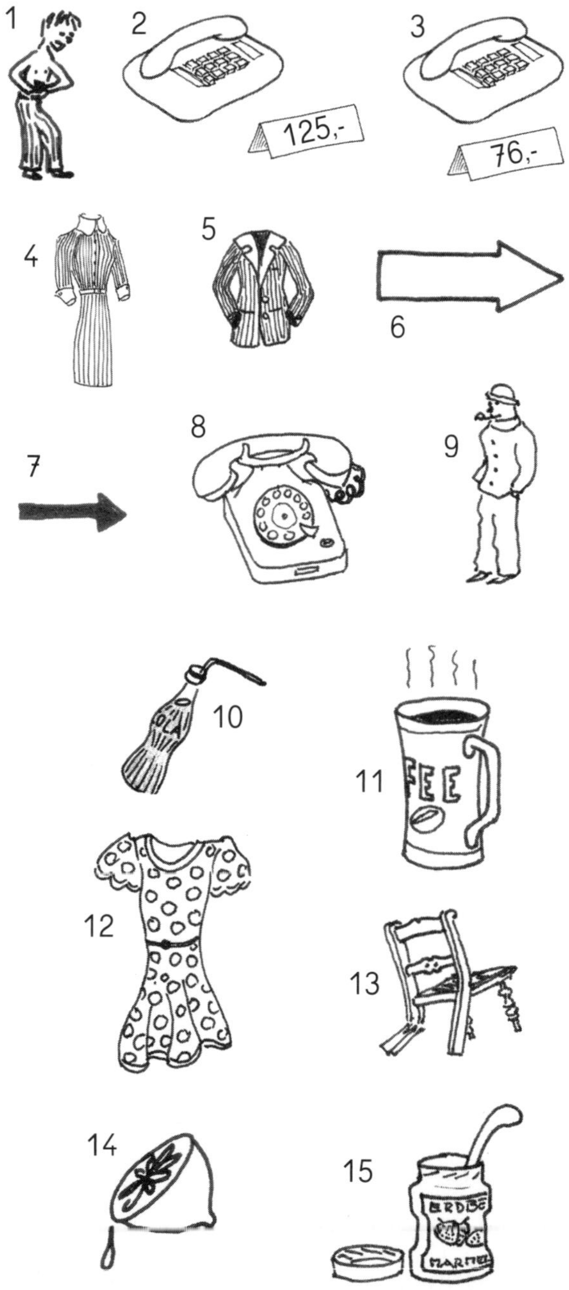

# Groß oder klein?

groß

klein

heiß

kalt

1. Schreiben Sie zum Bild passend groß oder klein.

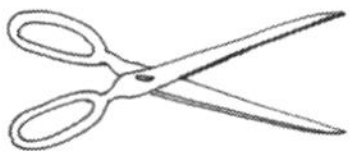

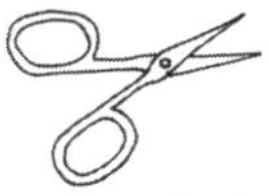

4. Und Sie? Haben Sie eine große Wohnung?

Laut »ß«
Grammatik: Adjektive
Lesen durch Schreiben: WAH/SCH

# L 10 Die Laute Qu, X und Y

1. Arbeiten Sie zuerst mit dem Anlaut-Haus:
   Markieren Sie das Qu gelb und das qu grün; ebenso X und x, Y und y.
2. Markieren Sie ebenso auf dieser Seite die Buchstaben in gelb und grün.
3. Erst nachmalen, dann in den Linien schreiben!

Quark
Quartett
Qualle
Quelle
Qualität

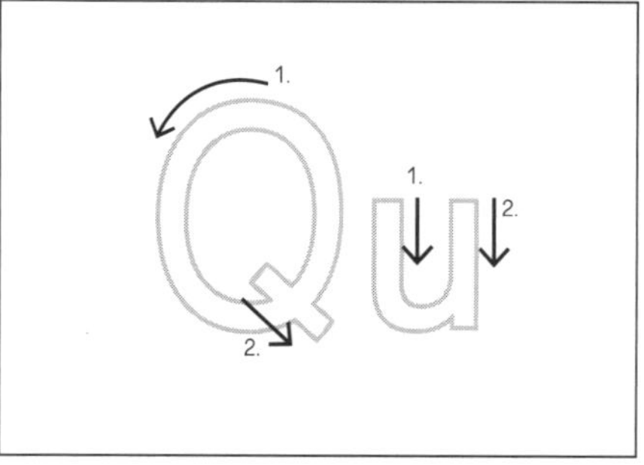


quietschen
quer
überqueren

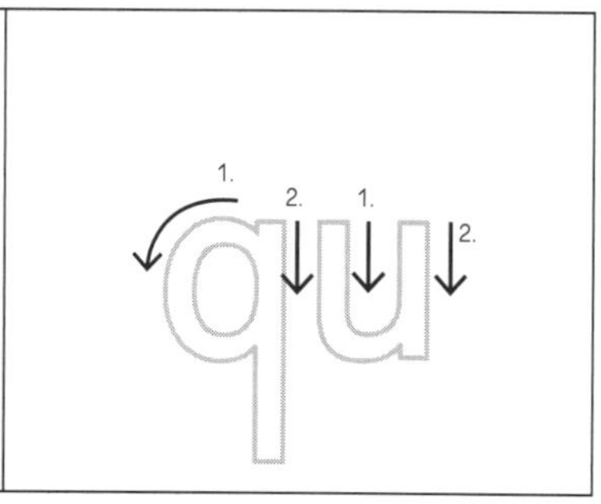


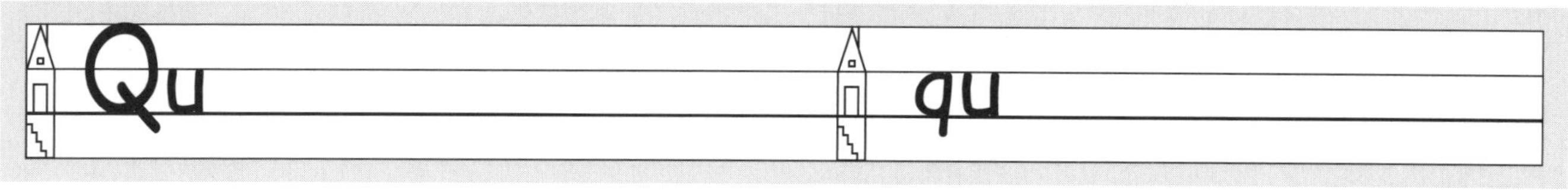


XL
Xylofon

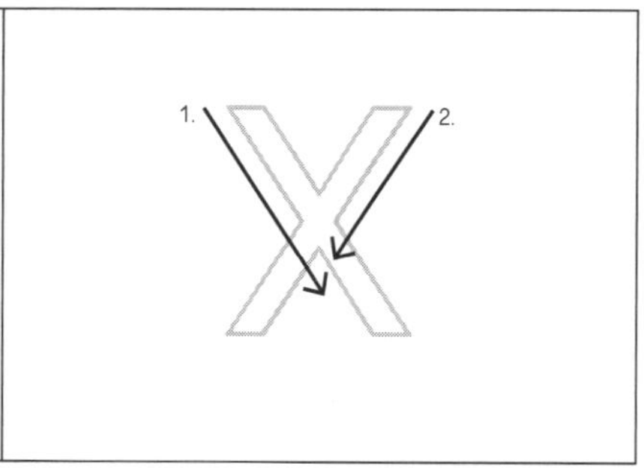


Arztpraxis
boxen
Lexikon
Taxi
Hexe

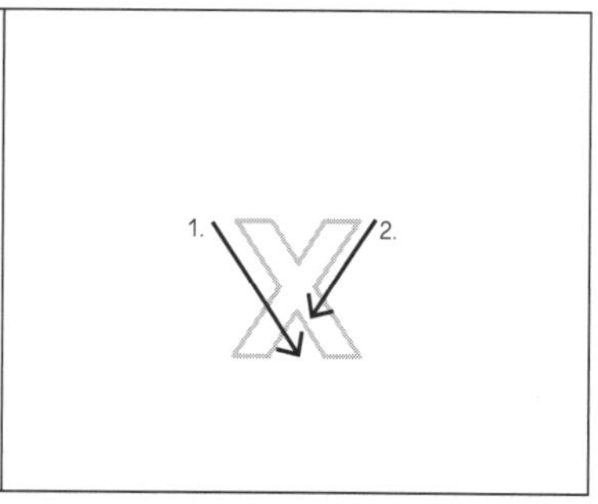


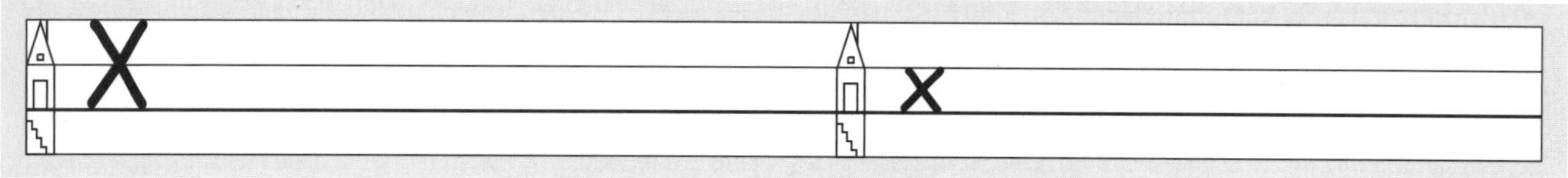


Ypsilon

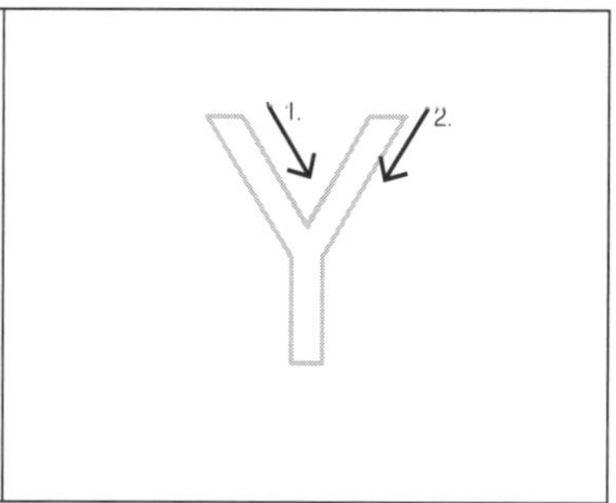


Xylofon Baby
Polyester Handy
Olympiade Teddy
Gymnastik Pony
Labyrinth

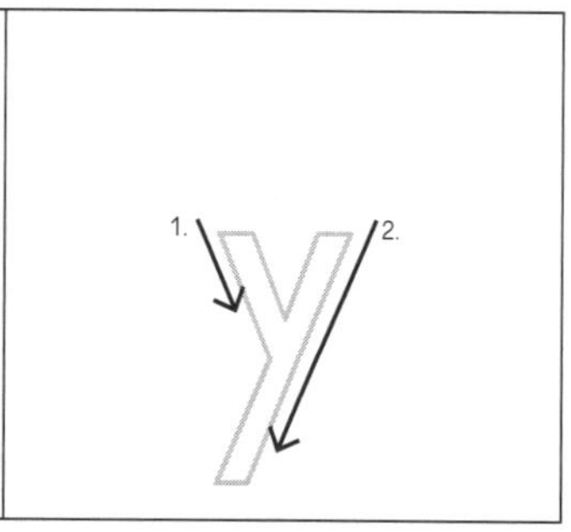


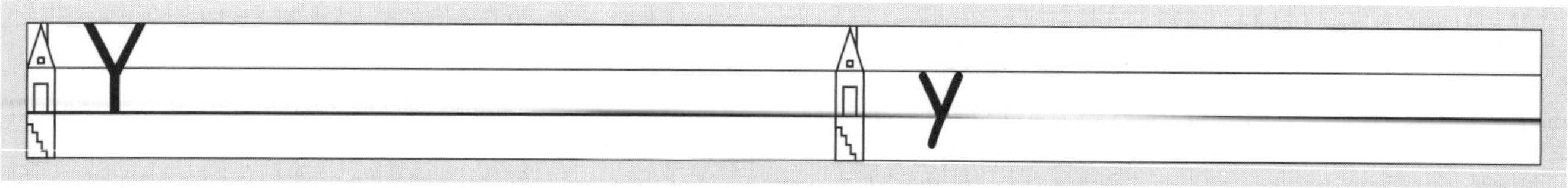

# Lesen Sie! L 10

Lesen Sie. Schreiben Sie dann die passende Bildnummer in das Sechseck.

- das Lexikon ⬡
- das Taxi ⬡
- das Xylofon ⬡
- XL ⬡
- boxen ⬡
- Boxhandschuhe ⬡
- das Handy ⬡
- das Baby ⬡
- der Teddy ⬡
- die Qualle ⬡
- das Quartett ⬡
- der Quark ⬡
- überqueren ⬡
- die Hexe ⬡
- die Olympiade ⬡
- das Praxisschild ⬡
- quietschen ⬡

1

2

3
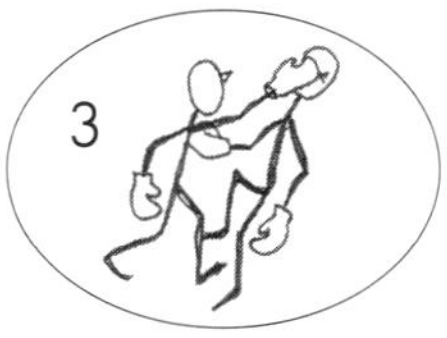
4

5

6
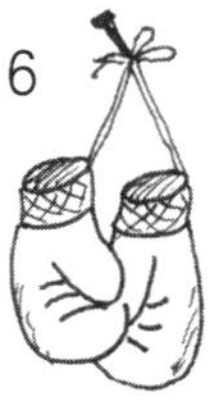
7

8

9
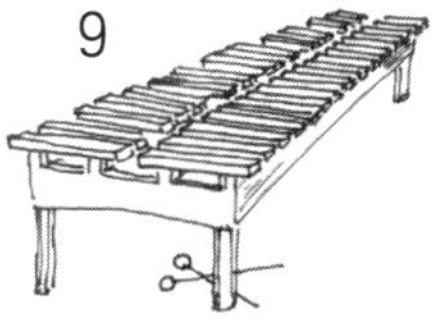
10

11

12
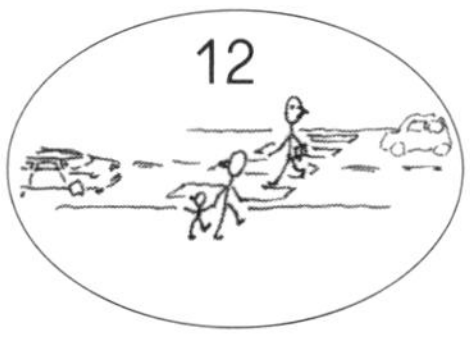
13

14
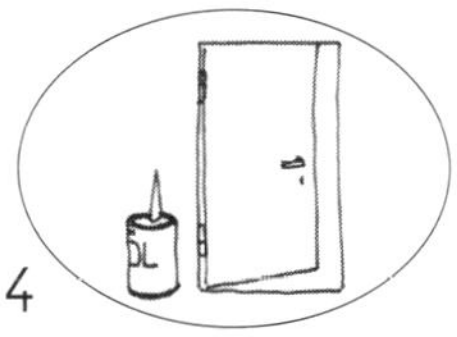

15

16
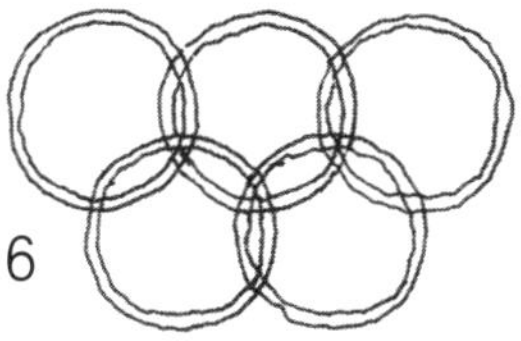

# Oberbegriffe

1. Suchen Sie 8 Nomen, die zu dem Oberbegriff Kleidung passen.
   Vergessen Sie den Artikel nicht!

die Kleidung

2. Suchen Sie 8 Nomen, die zu dem Oberbegriff Möbel passen.
   Vergessen Sie den Artikel nicht!

die Möbel

3. Suchen Sie 8 Nomen, die zu dem Oberbegriff Körperteile passen.
   Vergessen Sie den Artikel nicht!

die Körperteile

# Nomen-Domino, Teil 1

Spielen Sie Domino (bis zu 3 Personen):
Schneiden Sie die Karten (auch S. 189) entlang der gestrichelten Linien aus.
Legen Sie abwechselnd zum Nomen das passende Bild und sprechen Sie dazu.

| | | | |
|---|---|---|---|
| 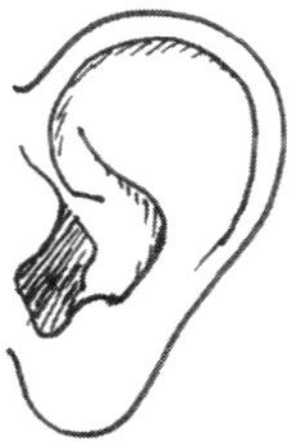 | der Mantel |  | der Hut |
|  | das Kleid | 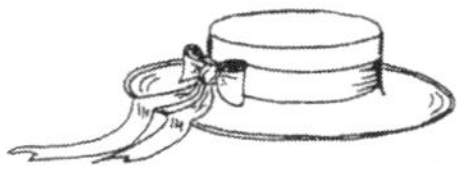 | die Krawatte |
| 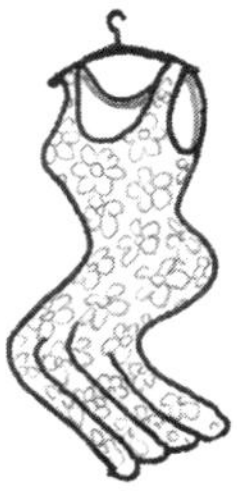 | die Jacke |  | die Socken |
| 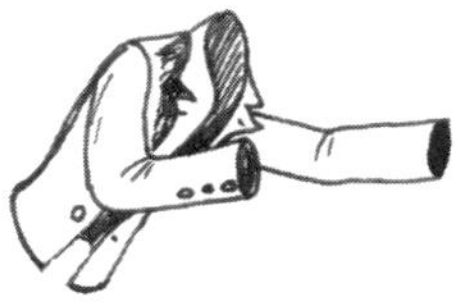 | der Schal |  | die Schuhe |
|  | die Hose |  | der Kleiderschrank |
|  | der Rock |  | die Waschmaschine |

# Nomen-Domino, Teil 2

**L 10**

Spielen Sie Domino (Anleitung siehe S. 187).

| | |
|---|---|
|  | der Spiegel |
|  | die Spritze |
| 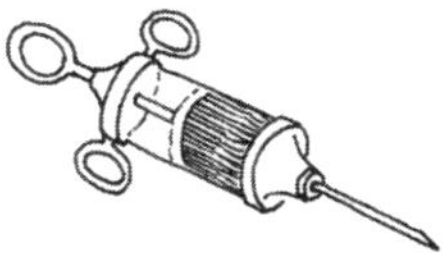 | das Pflaster |
|  | der Husten |
|  | die Hosen |
| 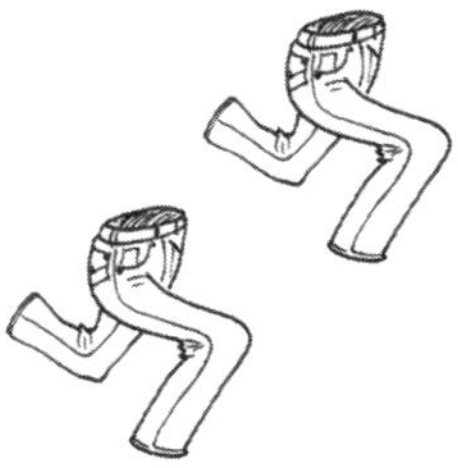 | der Kopf |

| | |
|---|---|
|  | der Hals |
| 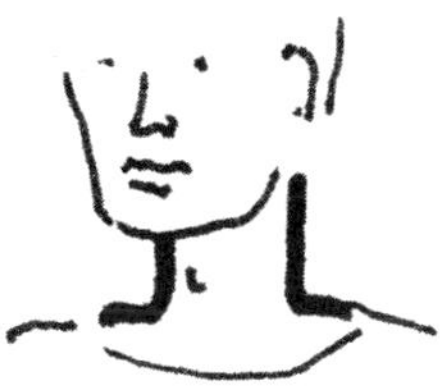 | der Zahn |
|  | die Zahnschmerzen |
|  | die Röcke |
|  | die Mäntel |
|  | das Ohr |

Malen Sie zuerst die kleinen Quadrate in den Artikel-Farben an:
blau = **der**, rot = **die**, grün = **das**, gelb = **die** (Mehrzahl/Plural)

7

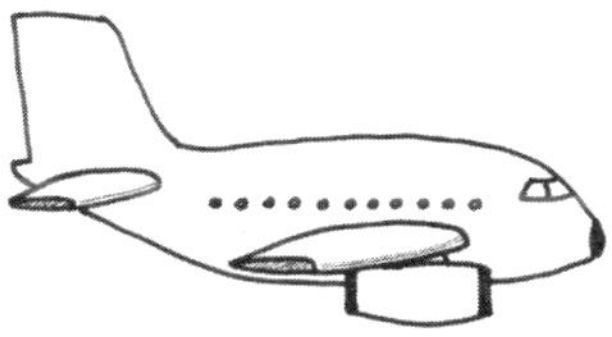
8

9

10

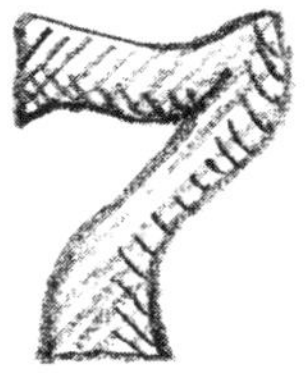
11

12

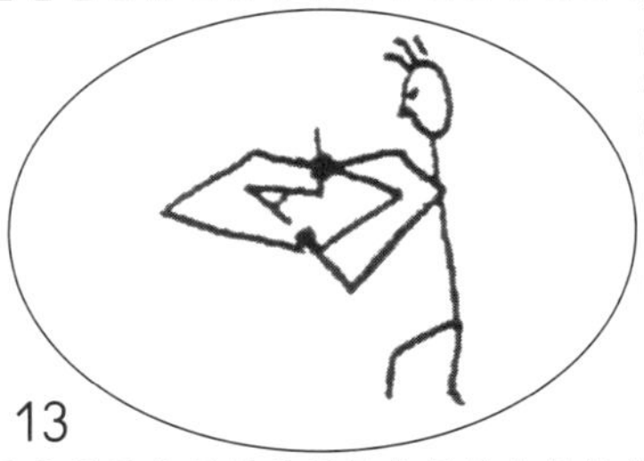
13

14

15

16

17

18

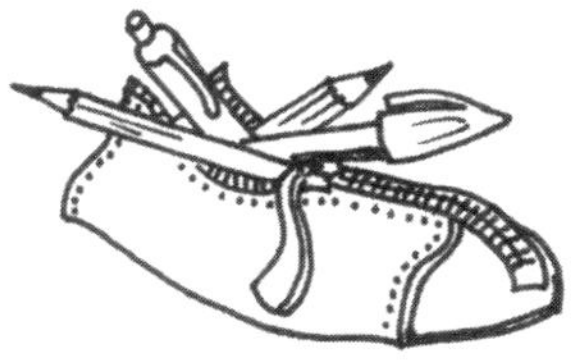
19

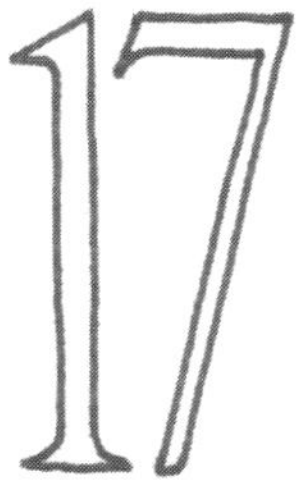
20

21

22

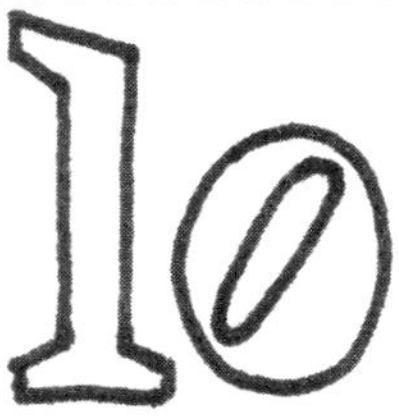
23

24

# Bildkarten 2



Malen Sie zuerst die kleinen Quadrate in den Artikel-Farben an:
blau = **der**, rot = **die**, grün = **das**, gelb = **die** (Mehrzahl/Plural)

31

32

33

34

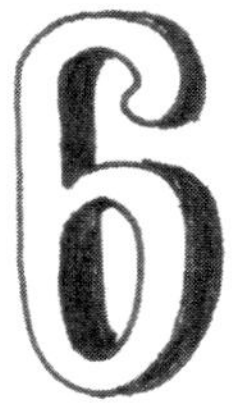
35

36

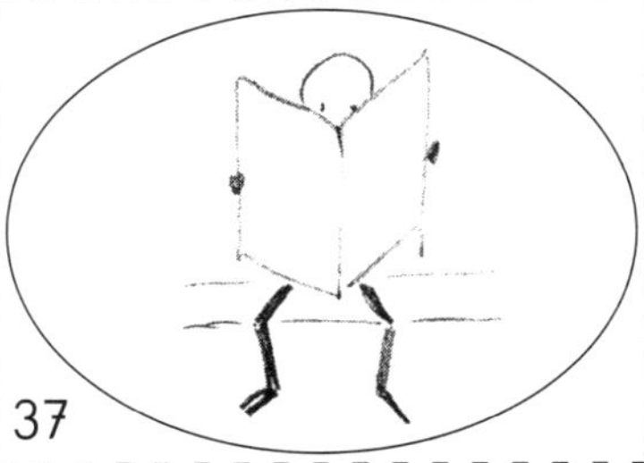
37

38

39

40

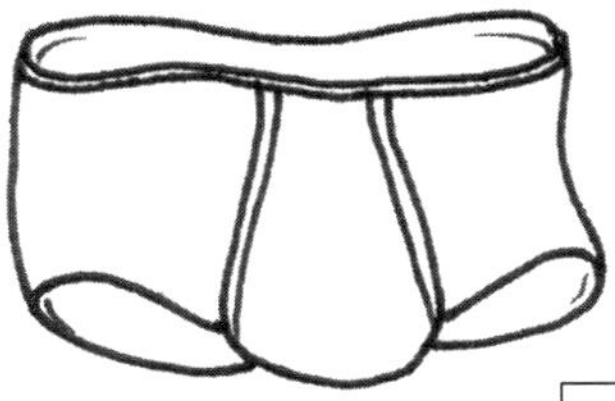
41

42

43

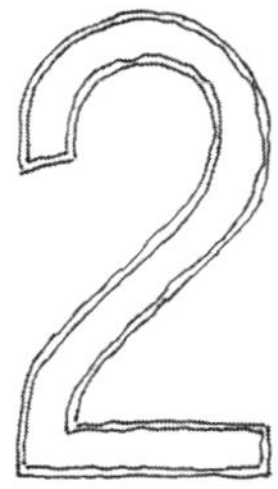
44

45

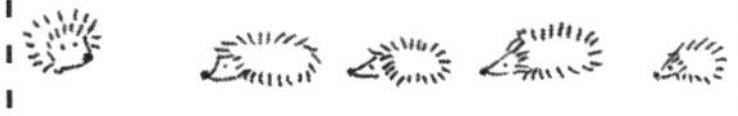
46

47

48

# Bildkarten 3

Malen Sie zuerst die kleinen Quadrate in den Artikel-Farben an:
blau = der, rot = die, grün = das, gelb = die (Mehrzahl/Plural)

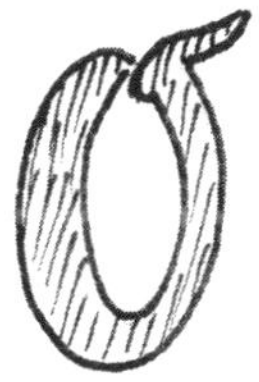


49 ☐

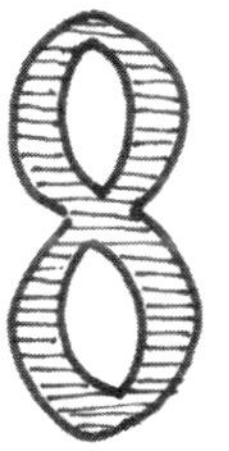


50 ☐

51 ☐

52 ☐

53 ☐

54 ☐

55 ☐

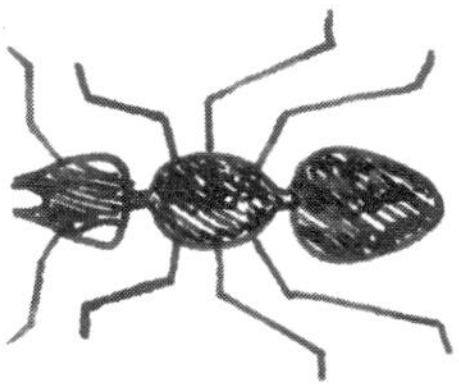

56 ☐

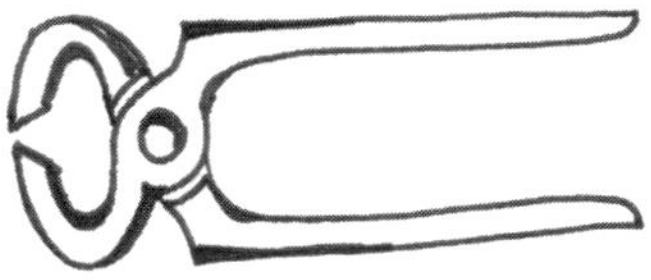

57 ☐

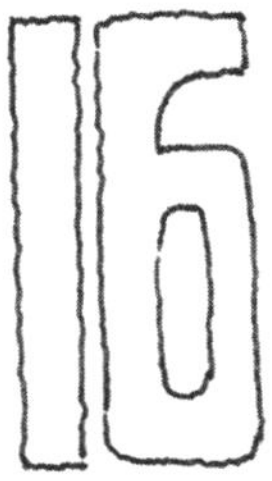


58 ☐

59 ☐

60 ☐

61 ☐

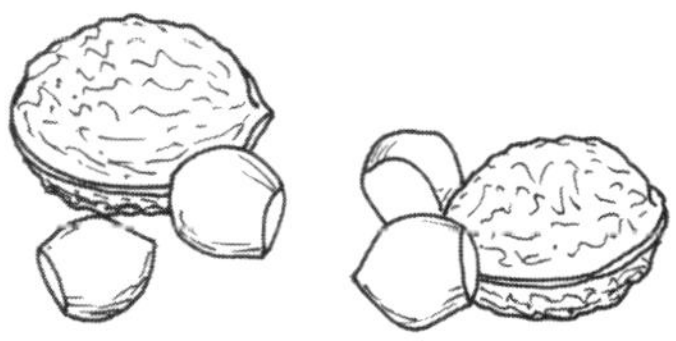

62 ☐

63 ☐

64 ☐

65 ☐

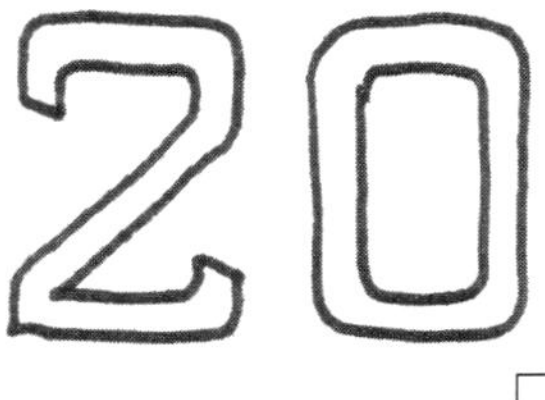


66 ☐

# Bildkarten 4



Malen Sie zuerst die kleinen Quadrate in den Artikel-Farben an:
blau = der, rot = die, grün = das, gelb = die (Mehrzahl/Plural)

91

92

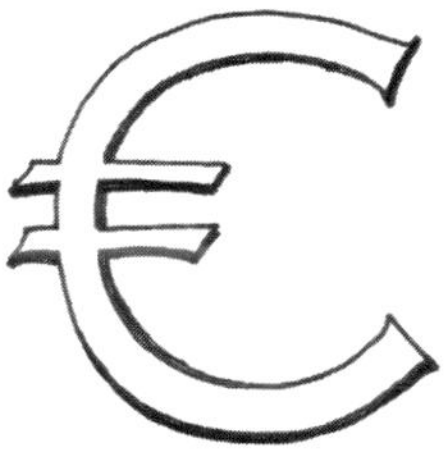

93

94

95

96

97

98

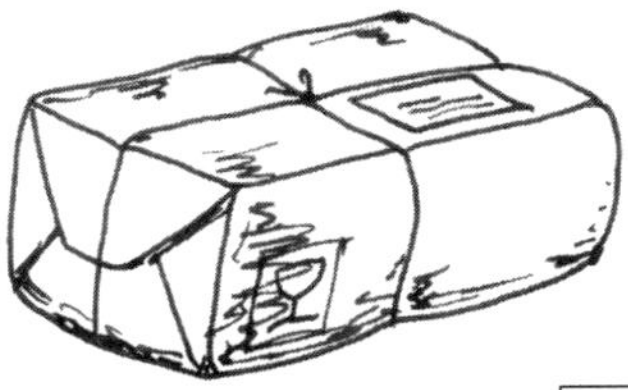

99

100

101

102

103

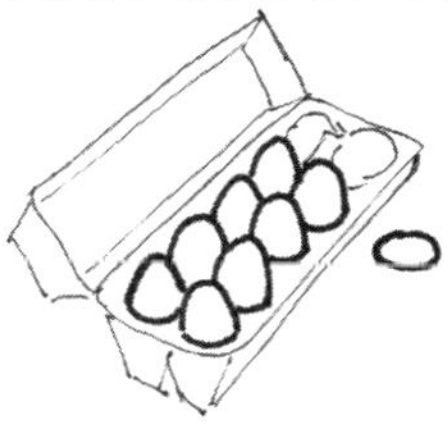

104

105

106

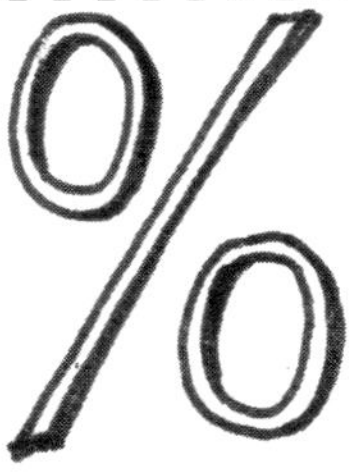

107

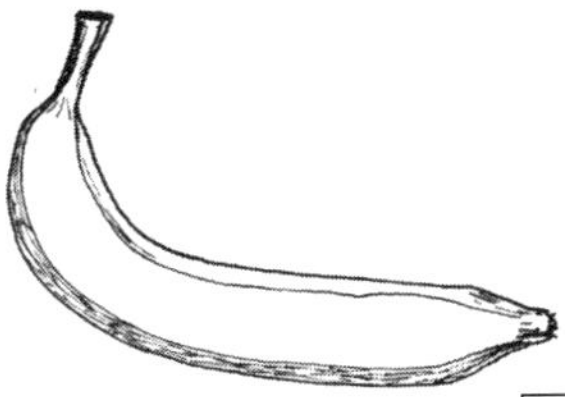

108

# Bildkarten 5

Malen Sie zuerst die kleinen Quadrate in den Artikel-Farben an:
blau = der, rot = die, grün = das, gelb = die (Mehrzahl/Plural)

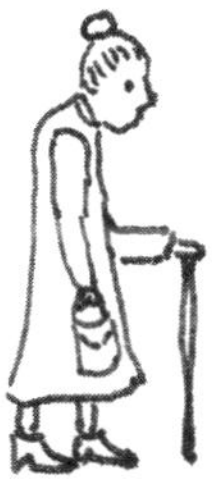
109

110

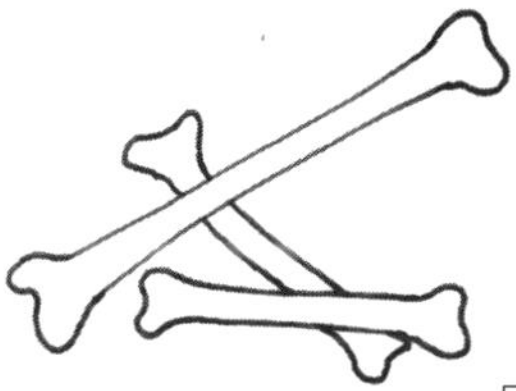
111

112

113

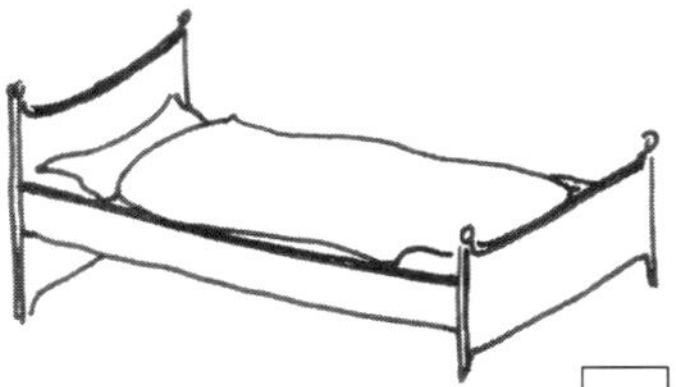
114

115

116

117

118

119

120

121

122

123

124

125

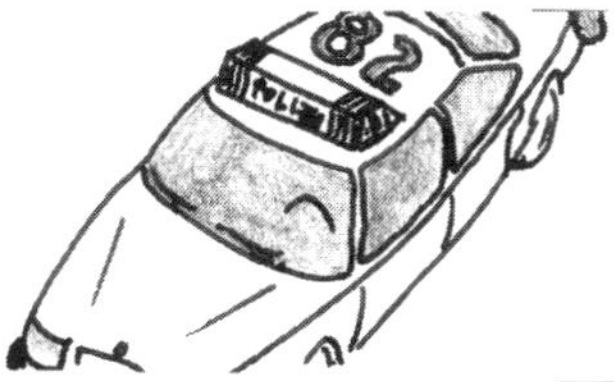

126

Malen Sie zuerst die kleinen Quadrate in den Artikel-Farben an:
blau = der, rot = die, grün = das, gelb = die (Mehrzahl/Plural)

127

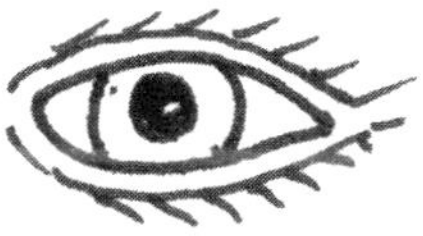
128

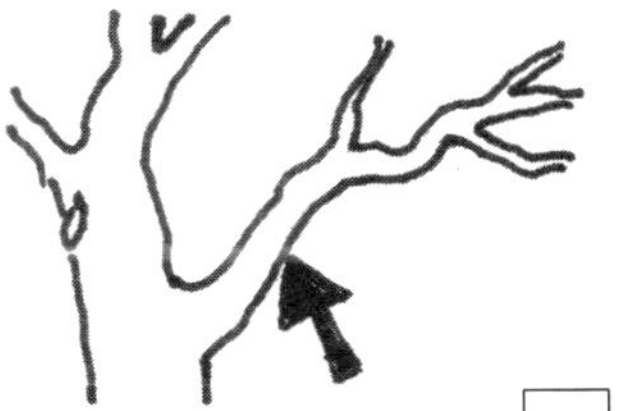
129

130

131

132

133

134

135

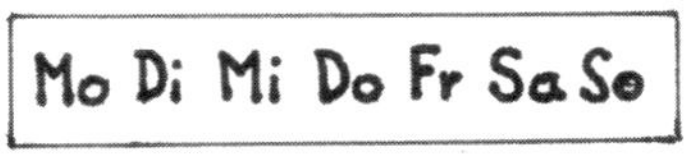

136

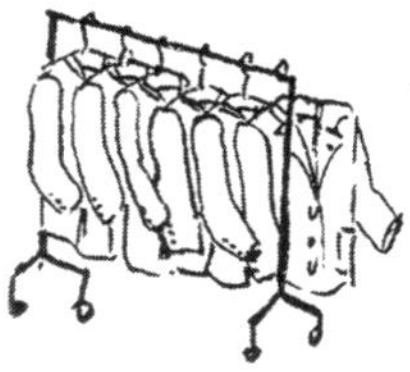
137

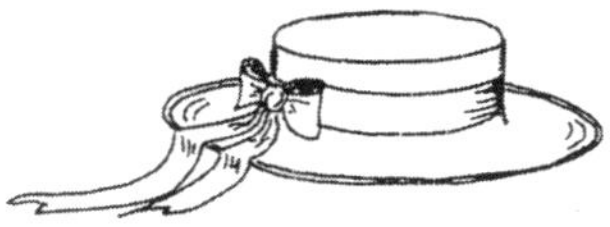
138

139

140

141

142

143

144

# Bildkarten 7



Malen Sie zuerst die kleinen Quadrate in den Artikel-Farben an:
blau = der, rot = die, grün = das, gelb = die (Mehrzahl/Plural)

145

146

147

148

149

150

151

152

153

154

155

156

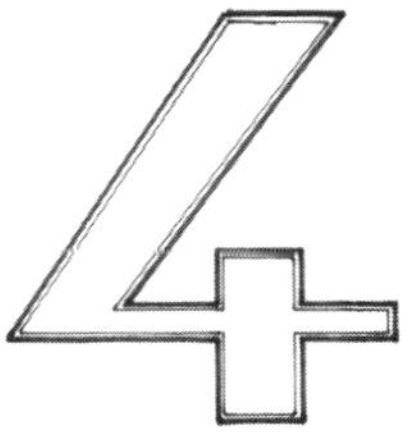
157

158

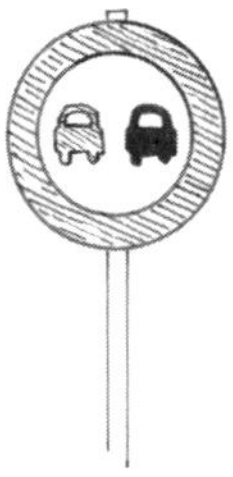
159

160

161

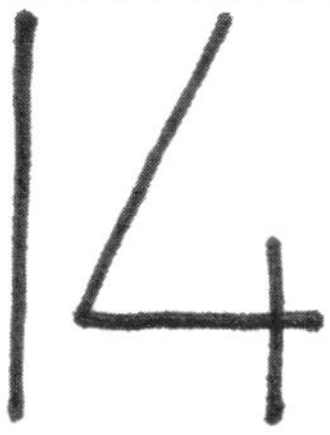
162

# Bildkarten 8



Malen Sie zuerst die kleinen Quadrate in den Artikel-Farben an:
blau = der, rot = die, grün = das, gelb = die (Mehrzahl/Plural)

163

164

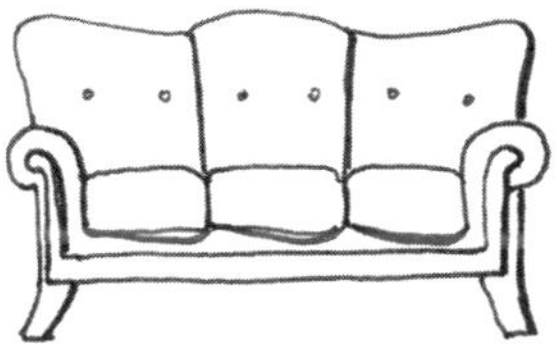
165

166

167

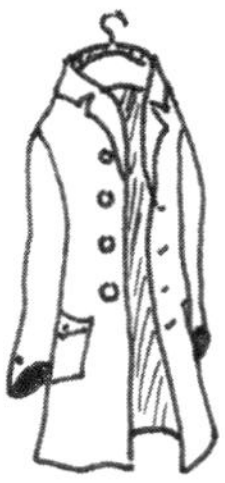
168

169

170

171

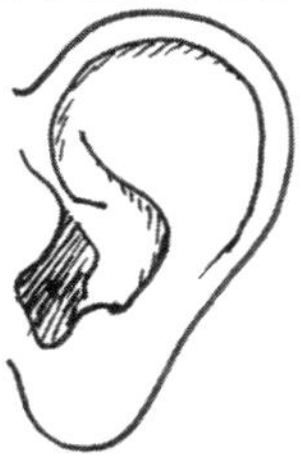
172

173

174

175

176

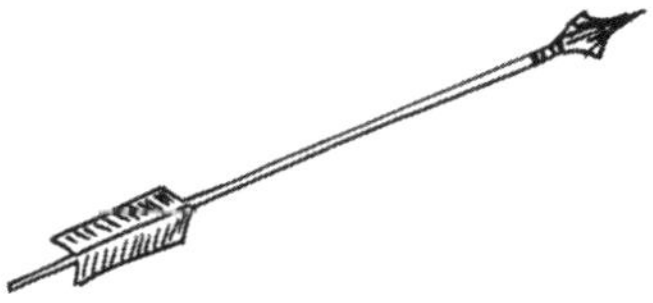
177

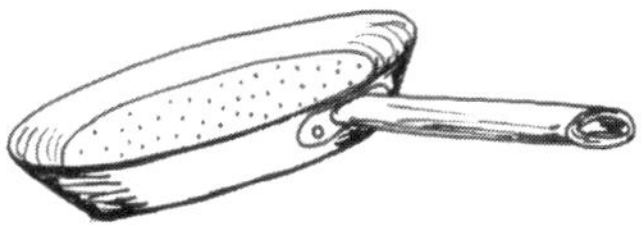
178

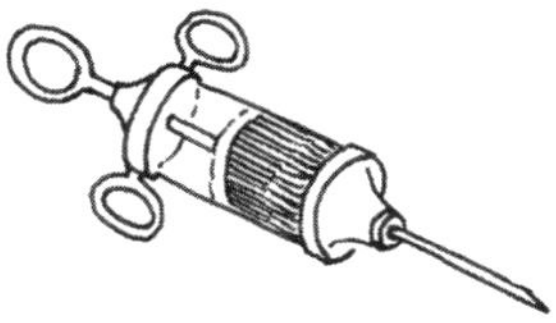
179

180